# Un viaje a...

# El Imperio Romano

# Philip Steele

Asesor: Jenny Hall, Museo de Londres

CORREO DEL MAESTRO • EDICIONES LA VASIJA

Copyright de la traducción en lengua española:
©2002 Uribe y Ferrari Editores, S.A. de C.V.
Av. Reforma No. 7-403 Ciudad Brisa, Naucalpan,
Estado de México C.P.53280, México
Tels. 5364 5670 y 5364 5695
correo@correodelmaestro.com
ISBN: 968-5142-21-1 (colección de 8 volúmenes)
ISBN: 968-5142-25-4
Traducción al español: Carla Povero Cantú en
colaboración con Correo del Maestro y
Ediciones La Vasija.
Revisión conceptual y cuidado de la edición en
español: Correo del Maestro y Ediciones La Vasija.

Primera edición, 1997, Lorenz Books
© Anness Publishing Limited, 1997

Editora: Joanna Lorenz
Gerente de edición: Sue Grabham
Editor en jefe: Ambreen Husain
Edición: Charlotte Evans
Diseño: John Jamieson
Ilustración: Stuart Carter
Fotografía: John Freeman
Estilista: Thomasina Smith

Anness Publishing agradece a los siguientes niños por
haber modelado para este libro: Mohammed Asfar, Leon
R. Banton, Afsana Begum, Ha Chu, Paula Dent,
Frankie Timothy Junior Elliot, Rikky Charles Healey,
Eva Rivera/Razbadavskite, Simon Thexton, Shereen
Thomas y Ha Vinh.

CRÉDITOS FOTOGRÁFICOS

b = abajo, t = arriba, c = centro, l = izquierda, r = derecha

Lesley y Roy Adkins Picture Library: 5cr, 13t, 31bl,
35b, 38l, 39b y 55tl; Ancient Art and Architechture
Collection Ltd: 8b, 8l, 9tl, 9tc, 11tl, 14b, 21tr, 21cl,
21cr, 24/25, 27t, 31bl, 32b, 33tr, 33br, 36, 41t, 42b,
49tr, 50bl, 52tr, 52bl, 54tr, 57tl, 61bl y portada; A-Z
Botanical Collection Ltd: 53br; Bridgeman Art Library:
13b; British Museum: 22r, 23tr, 23cr, 23bl, 28c, 28r,
30l, 42c, 48bl, 48br, 34tl y 37bc; C M Dixon: 10l,
12bl, 14t, 15bl, 17tl, 17cr, 20bl, 24bl, 25tr, 25br, 26l,
26r, 27l, 29tl, 29tc, 29tr, 30r, 32/33, 33bl, 34tr, 34b,
35t, 35c, 37tl, 37tr, 38br, 40cl, 40tr, 41bl, 44t, 45tl,
45cl, 45bl, 47t, 47c, 48tr, 49tl, 50tl, 50br,
51tl, 55tr, 55b, 56l, 57tr, 58tr, 58bl, 58br,
60l, 60r, 62t, 63c, portada y contraportada;
Geoscience Features Picture Library: 61tr; Sonia
Halliday Photographs: 15tl, 38tr y 63l; Michael
Holford Photographs: 3t, 5tr, 12tr, 12br, 16, 22l,
28l, 29br, 37tl, 40bl, 40br, 45br, 46bl, 51tr, 51bl,
53bl, 54bl, 61tl y 62br; Simon James: 43tr y 43br;
Mary Evans Picture Library: 9bl, 9br, 10r, 20tr, 29bl,
44b, 54br, 56r y 59t; Planet Earth Pictures Ltd: 5b;
Tony Stone Images: 4/5; Visual Arts Library: 39tr y
46/47; Werner Forman Archive: 21bl y 53t; Zefa: 8r,
15br y 47b.

# CONTENIDO

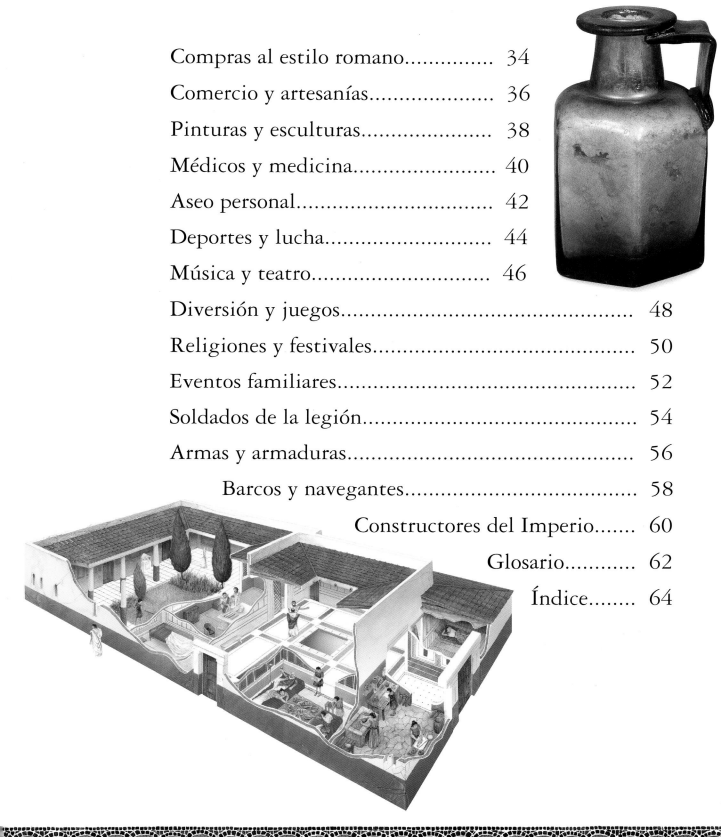

# La historia de Roma

H OY LA CIUDAD DE ROMA es un lugar bullicioso, lleno de vehículos y gente. Mas si pudieras viajar en el tiempo, hasta el año 800 a.C., sólo hallarías unas pequeñas aldeas en las pacíficas y boscosas colinas, a orillas del río Tíber. Según la leyenda, Roma se fundó en ese lugar en 753 a.C. En los siglos siguientes, los romanos dominaron Italia y el Mediterráneo, cultivaron la tierra, comerciaron y lucharon por conquistar nuevos territorios. Roma creció hasta ser el centro del gran Imperio que se extendió por Europa, África y Asia, que perduró varios siglos y llevó su sofisticado estilo de vida a una vasta gama de pueblos. Todavía se conservan muchos edificios y utensilios que muestran cómo se vivía en el Imperio Romano.

### LA ITALIA ROMANA
Al prosperar Roma, sus habitantes conquistaron poco a poco a las tribus vecinas. Hacia 250 a.C. ya dominaban la mayor parte de Italia. Este mapa muestra varios pueblos y ciudades importantes de esa época.

### ANTIGUA Y MODERNA
En la Roma de hoy, la gente vive junto a los templos, mercados y edificios públicos del pasado. Éste es el Coliseo, una enorme arena, llamada anfiteatro, que fue abierta al público en 80 d.C. y se usó para realizar juegos y luchas.

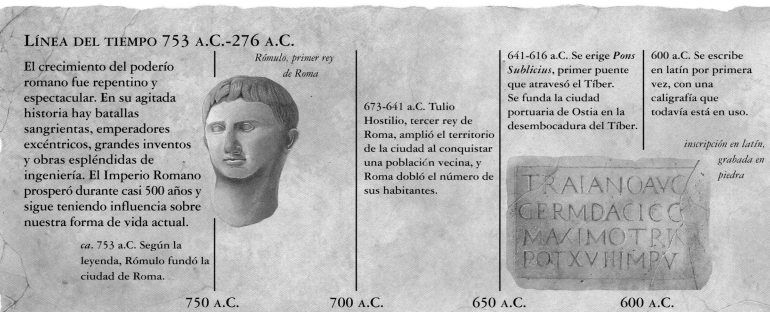

### LÍNEA DEL TIEMPO 753 A.C.-276 A.C.

El crecimiento del poderío romano fue repentino y espectacular. En su agitada historia hay batallas sangrientas, emperadores excéntricos, grandes inventos y obras espléndidas de ingeniería. El Imperio Romano prosperó durante casi 500 años y sigue teniendo influencia sobre nuestra forma de vida actual.

*Rómulo, primer rey de Roma*

*ca.* 753 a.C. Según la leyenda, Rómulo fundó la ciudad de Roma.

673-641 a.C. Tulio Hostilio, tercer rey de Roma, amplió el territorio de la ciudad al conquistar una población vecina, y Roma dobló el número de sus habitantes.

641-616 a.C. Se erige *Pons Sublicius*, primer puente que atravesó el Tíber. Se funda la ciudad portuaria de Ostia en la desembocadura del Tíber.

600 a.C. Se escribe en latín por primera vez, con una caligrafía que todavía está en uso.

*inscripción en latín, grabada en piedra*

750 A.C.          700 A.C.          650 A.C.          600 A.C.

4

## INDICIOS DEL PASADO

La moneda de este collar data del reinado del emperador Domiciano (81-96 d.C.). El oro no se pudre como la madera y otros materiales, así que la joyería puede darnos una idea acerca de la artesanía, los cambios de la moda, el comercio y hasta la guerra.

## SECRETOS EN EL FONDO DEL MAR

Se han descubierto naufragios romanos en las profundidades del Mediterráneo y muchos barcos aún tenían su carga intacta. Estas vasijas se transportaban hace más de 2000 años. Al examinar los naufragios, los arqueólogos pueden aprender cómo se construían los barcos, qué transportaban y dónde comerciaban.

## ARQUEÓLOGOS EN ACCIÓN

Estos arqueólogos están desenterrando partes del estuco de una pared en una casa romana de Inglaterra. Han permanecido muchos restos de edificios, utensilios, libros y documentos de esa época; esto ayuda a que nos formemos una idea de cómo era la vida en el Imperio Romano.

*Júpiter, uno de los dioses romanos más importantes*

*Servio Tulio, el rey que dio su nombre a la Muralla Servia*

312 a.C. Se comienza la *Via Appia*, primera gran carretera de Roma. Se erige el *Aqua Appia*, primer acueducto.

493 a.C. Se crea el cargo de tribuno para proteger los derechos de los plebeyos, la gente común.

390 a.C. Guerreros celtas saquean Roma.
380 a.C. Se construye la Muralla Servia para defender a Roma de futuros ataques.

509 a.C. En Roma, se concluye el templo de Júpiter.
Roma expulsa a su último rey y se convierte en República.

*guerrero celta*

*un acueducto*

550 A.C.          500 A.C.          450 A.C.          400 A.C.          350 A.C.          300 A.C.

# El gran Imperio

H ACIA EL AÑO 117 D.C., el Imperio Romano estaba en su apogeo. Era posible viajar 4000 km de este a oeste y seguir oyendo las trompetas de las legiones romanas. Un soldado romano podía tiritar en los nevados inviernos británicos o sudar y trabajar duro en el calor del desierto egipcio.

Los pueblos del Imperio eran diversos. Había griegos, egipcios, sirios, judíos, africanos, germanos y celtas. Muchos pertenecían a culturas que ya eran antiguas cuando Roma aún era un grupo de aldeas. Varios se rebelaban contra Roma, pero las revueltas pronto se sofocaban. Poco a poco, los pueblos conquistados fueron aceptando ser parte del Imperio. De 212 d.C. en adelante, todo el que vivía bajo el dominio romano tenía derecho de proclamar: 'Soy ciudadano romano'. Los esclavos, sin embargo, tenían muy pocos derechos.

En 284 d.C, luego de violentas guerras civiles, este vasto Imperio se dividió en diversas partes. Pese a que el emperador Constantino lo reunificó en 324 d.C., el Imperio estaba condenado. Cien años después, la parte occidental fue invadida por feroces guerreros nórdicos, con consecuencias desastrosas. Aunque el Imperio de Occidente concluyó en 476 d.C., la parte oriental continuó hasta 1453. Usado por la Iglesia Católica Romana, por científicos y eruditos en toda Europa, el latín sobrevivió. Hoy todavía se estudia y es base de idiomas como el italiano, español, francés y rumano.

BRITANIA
Londres

FRANCIA

ESPAÑA

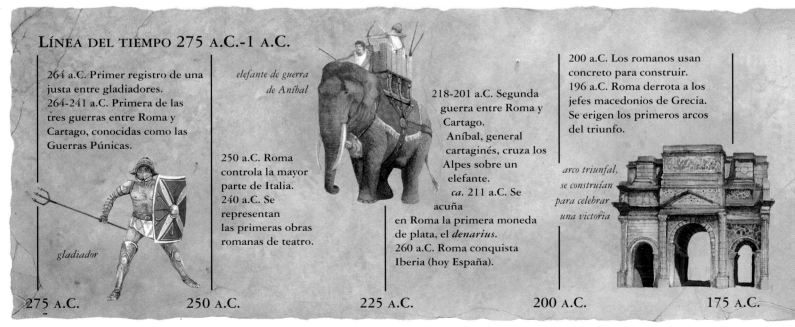

**LÍNEA DEL TIEMPO 275 A.C.-1 A.C.**

264 a.C. Primer registro de una justa entre gladiadores.
264-241 a.C. Primera de las tres guerras entre Roma y Cartago, conocidas como las Guerras Púnicas.

*gladiador*

*elefante de guerra de Aníbal*

250 a.C. Roma controla la mayor parte de Italia.
240 a.C. Se representan las primeras obras romanas de teatro.

218-201 a.C. Segunda guerra entre Roma y Cartago.
Aníbal, general cartaginés, cruza los Alpes sobre un elefante.
*ca.* 211 a.C. Se acuña en Roma la primera moneda de plata, el *denarius*.
260 a.C. Roma conquista Iberia (hoy España).

200 a.C. Los romanos usan concreto para construir.
196 a.C. Roma derrota a los jefes macedonios de Grecia. Se erigen los primeros arcos del triunfo.

*arco triunfal, se construían para celebrar una victoria*

275 A.C.          250 A.C.          225 A.C.          200 A.C.          175 A.C.

6

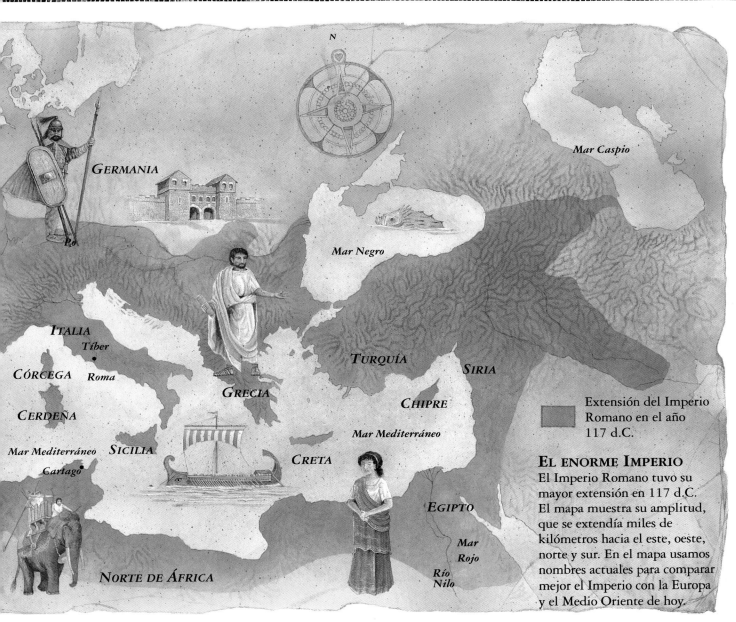

GERMANIA

*Mar Caspio*

ITALIA
Tíber

CÓRCEGA
Roma

CERDEÑA

*Mar Mediterráneo*  SICILIA
Cartago

NORTE DE ÁFRICA

*Mar Negro*

TURQUÍA

SIRIA

GRECIA

CHIPRE

*Mar Mediterráneo*

CRETA

EGIPTO

*Mar Rojo*

*Río Nilo*

Extensión del Imperio Romano en el año 117 d.C.

## EL ENORME IMPERIO

El Imperio Romano tuvo su mayor extensión en 117 d.C. El mapa muestra su amplitud, que se extendía miles de kilómetros hacia el este, oeste, norte y sur. En el mapa usamos nombres actuales para comparar mejor el Imperio con la Europa y el Medio Oriente de hoy.

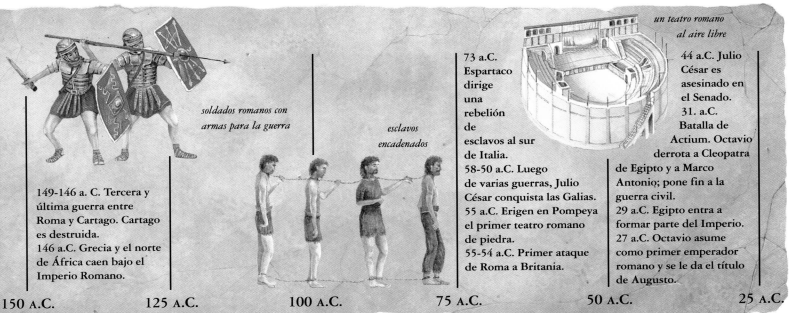

149-146 a. C. Tercera y última guerra entre Roma y Cartago. Cartago es destruida.
146 a.C. Grecia y el norte de África caen bajo el Imperio Romano.

*soldados romanos con armas para la guerra*

*esclavos encadenados*

73 a.C. Espartaco dirige una rebelión de esclavos al sur de Italia.
58-50 a.C. Luego de varias guerras, Julio César conquista las Galias.
55 a.C. Erigen en Pompeya el primer teatro romano de piedra.
55-54 a.C. Primer ataque de Roma a Britania.

*un teatro romano al aire libre*

44 a.C. Julio César es asesinado en el Senado.
31. a.C. Batalla de Actium. Octavio derrota a Cleopatra de Egipto y a Marco Antonio; pone fin a la guerra civil.
29 a.C. Egipto entra a formar parte del Imperio.
27 a.C. Octavio asume como primer emperador romano y se le da el título de Augusto.

| 150 A.C. | 125 A.C. | 100 A.C. | 75 A.C. | 50 A.C. | 25 A.C. |

# El mundo romano

GENTE DE diversos orígenes forjó la historia de Roma. En monumentos y libros se conservan los nombres de famosos romanos: cónsules, emperadores, exitosos generales, poderosos políticos, grandes escritores e historiadores. Pero realmente fue gente común y corriente la que mantuvo en pie el Imperio –mercaderes, soldados de las legiones, recaudadores de impuestos, siervos, agricultores y alfareros, entre otros.

Muchos de los nombres más conocidos de esa época no eran propiamente romanos. Entre ellos, el general cartaginés, Aníbal, el mayor enemigo de Roma. También hubo jefes y reinas celtas, como Vercingetorix, Caractacus y Boadicea.

## RÓMULO Y REMO

Según la leyenda, Rómulo fue fundador y primer rey de Roma. Cuenta la narración que cuando eran pequeños, él y su hermano gemelo Remo, fueron abandonados, pero una loba los salvó y los cuidó hasta que un pastor los encontró.

## AUGUSTO (63 a.C.-14 d.C.)

Augusto, Octavio de nacimiento, fue sobrino nieto e hijo adoptivo de Julio César. A la muerte de César, tomó control del ejército. Se volvió gobernante del mundo romano al derrotar a Marco Antonio en la Batalla de Actium, en 31 a.C. En 27 a.C. se convirtió en el primer emperador y recibió el título de Augusto.

## CICERÓN (106-43 a.C.)

A Cicerón se le recuerda como el más grande orador romano. Muchas de sus cartas y discursos todavía sobreviven. Era escritor, poeta, político, abogado y filósofo. Fue electo cónsul de Roma en 63 a.C., pero tenía muchos enemigos y fue asesinado en 43 a.C.

## LÍNEA DEL TIEMPO 1 D.C.-476 D.C.

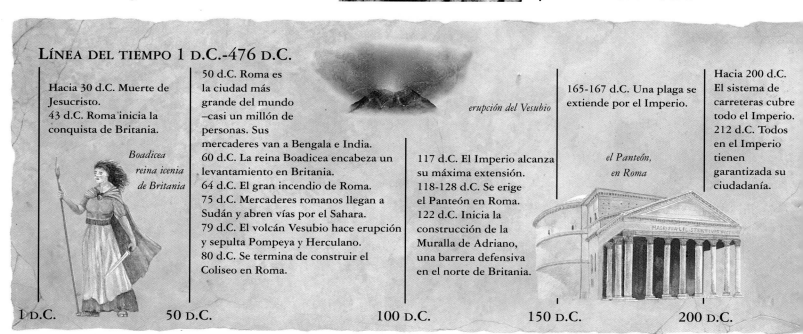

Hacia 30 d.C. Muerte de Jesucristo.
43 d.C. Roma inicia la conquista de Britania.

*Boadicea reina icenia de Britania*

50 d.C. Roma es la ciudad más grande del mundo –casi un millón de personas. Sus mercaderes van a Bengala e India.
60 d.C. La reina Boadicea encabeza un levantamiento en Britania.
64 d.C. El gran incendio de Roma.
75 d.C. Mercaderes romanos llegan a Sudán y abren vías por el Sahara.
79 d.C. El volcán Vesubio hace erupción y sepulta Pompeya y Herculano.
80 d.C. Se termina de construir el Coliseo en Roma.

*erupción del Vesubio*

117 d.C. El Imperio alcanza su máxima extensión.
118-128 d.C. Se erige el Panteón en Roma.
122 d.C. Inicia la construcción de la Muralla de Adriano, una barrera defensiva en el norte de Britania.

165-167 d.C. Una plaga se extiende por el Imperio.

*el Panteón, en Roma*

Hacia 200 d.C. El sistema de carreteras cubre todo el Imperio.
212 d.C. Todos en el Imperio tienen garantizada su ciudadanía.

1 D.C.    50 D.C.    100 D.C.    150 D.C.    200 D.C.

## ADRIANO (76-138 d.C.)

Adriano se convirtió en emperador en 117 d.C. y viajó muchos años por el Imperio. Mandó construir muchos edificios espléndidos y el muro defensivo a lo largo del norte de Britania, ahora conocido como Muralla de Adriano.

## NERÓN (37-68 d.C.) y AGRIPINA

Nerón fue emperador a la muerte de su padre adoptivo, Claudio, en 54 d.C. Fue un gobernante cruel y se le acusa de haber provocado el incendio que destruyó gran parte de Roma en 64 d.C. Agripina, su madre, tuvo poderosa influencia sobre él. Se sospecha que envenenó a dos de sus tres maridos y se cree que fue condenada a muerte por su hijo.

## CLEOPATRA (68-30 a.C.)

La reina egipcia de ascendencia griega, Cleopatra, tuvo un hijo con Julio César. Después se enamoró de Marco Antonio, cercano seguidor de César. Ellos se unieron en contra de Roma, pero luego de la aplastante derrota de Actium, en 31 a.C., ambos se suicidaron. Egipto, entonces, pasó a formar parte del Imperio Romano.

## JULIO CÉSAR (100-44 a.C.)

César fue un popular y talentoso general y político. Condujo los ejércitos romanos en una campaña de ocho años para conquistar las Galias (Francia) en 50 a.C. En 49 a.C., valido de tropas victoriosas, tomó el poder y se autoproclamó dictador vitalicio. Cinco años después fue apuñalado en el Senado por enemigos políticos.

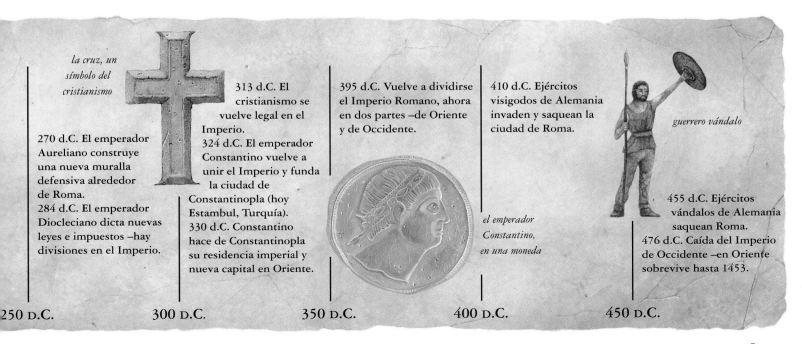

la cruz, un símbolo del cristianismo

270 d.C. El emperador Aureliano construye una nueva muralla defensiva alrededor de Roma.
284 d.C. El emperador Diocleciano dicta nuevas leyes e impuestos –hay divisiones en el Imperio.

313 d.C. El cristianismo se vuelve legal en el Imperio.
324 d.C. El emperador Constantino vuelve a unir el Imperio y funda la ciudad de Constantinopla (hoy Estambul, Turquía).
330 d.C. Constantino hace de Constantinopla su residencia imperial y nueva capital en Oriente.

395 d.C. Vuelve a dividirse el Imperio Romano, ahora en dos partes –de Oriente y de Occidente.

410 d.C. Ejércitos visigodos de Alemania invaden y saquean la ciudad de Roma.

guerrero vándalo

455 d.C. Ejércitos vándalos de Alemania saquean Roma.
476 d.C. Caída del Imperio de Occidente –en Oriente sobrevive hasta 1453.

el emperador Constantino, en una moneda

250 D.C.        300 D.C.        350 D.C.        400 D.C.        450 D.C.

# Gobernantes de Roma

EN SUS ORÍGENES, Roma fue gobernada por reyes. Se dice que el primero fue Rómulo, que la fundó en 753 a.C. El último rey fue el odiado tirano Tarquinio el Soberbio, derrocado en 509 a.C. Los romanos fundaron entonces una República. Una asamblea de ciudadanos ricos y poderosos, el Senado, elegía dos cónsules cada año para gobernar. Hacia 493 a.C. la gente común ya tenía representantes, los tribunos. En tiempos de crisis los gobernantes podían tomar poderes de emergencia y volverse dictadores. El Senado eligió al primer emperador, Augusto, en 27 a.C. Los emperadores tenían grandes poderes, incluso eran adorados como dioses. Algunos vivieron con sencillez y gobernaron bien, pero hubo otros violentos y crueles. Estaban rodeados de aduladores y constantemente se sentían temerosos de los conspiradores y asesinos.

## PROCESIÓN TRIUNFAL

Cuando un general romano lograba una gran victoria, se le honraba con un desfile militar llamado triunfo. Las multitudes se alineaban por las calles y vitoreaban al paso de la procesión. Si un general era exitoso y popular, se le abría el camino al poder. El gobernante romano más famoso de todos, Julio César, posiblemente subió al poder después de una serie de brillantes conquistas militares.

## SACRIFICIO DE ESTADO

El emperador romano tenía deberes políticos y religiosos. Como *pontifex maximus*, o sumo sacerdote, debía ofrecer sacrificios a los dioses en las festividades importantes.

*higos*

## FRUTA MORTAL

¿Quién asesinó a Augusto, el primer emperador romano, en 14 a.C.? Es difícil decirlo. Tal vez fue una muerte natural, pero también pudo causarla su esposa Livia. Se dice que posiblemente recubrió los higos de su jardín con un veneno mortal. Los emperadores romanos eran muy temidos, pero estaban rodeados de enemigos y no podían confiar en nadie, menos aún en sus familiares.

## GUARDIAS PRETORIANOS

Los guardias pretorianos eran guardaespaldas del emperador. Vestían uniformes especiales y eran bien pagados. Eran los únicos soldados armados permitidos dentro de la ciudad de Roma y por ello se volvieron muy poderosos. También intervenían en política –asesinaron al emperador Calígula y eligieron a su sucesor, Claudio.

*En Roma, emperadores, soldados y atletas victoriosos usaban coronas de hojas de laurel. La corona era símbolo de honor. Los romanos copiaron esta idea de los antiguos griegos.*

## CORONA DE HONOR

*Necesitarás: cinta métrica, alambre, pinzas, tijeras, cinta adhesiva, listón verde, y hojas de laurel (naturales o artificiales).*

**1** Mide el contorno de tu cabeza. Corta el alambre de esa medida para que te quede la corona. Dobla el alambre como se muestra y pégale el listón alrededor.

**2** Pega el tallo de las hojas con cinta adhesiva sobre el alambre, como se muestra. Procede hacia el centro del alambre colocando las hojas en abanico.

**3** Ahora pega las hojas restantes en dirección contraria y pégalas como las anteriores en el resto del alambre. Ponte la corona terminada. ¡Ave, César!

11

# La sociedad romana

LA SOCIEDAD ROMANA nunca fue muy justa. Al principio, familias ricas y poderosas, los patricios, controlaban la ciudad y el Senado. Quien deseara hacer oír su voz debía persuadir a un senador para que hablara por él. Al pasar los siglos, los ciudadanos comunes, los plebeyos, fueron ganando espacios hasta que, hacia 287 a.C., compartieron equitativamente el poder. En tiempos del Imperio, hasta alguien de cuna humilde podía ser emperador, si lograba riquezas y tenía el apoyo del ejército. Los emperadores siempre temieron disturbios provocados por el pueblo llano de Roma, así que trataban de tenerlo contento con comida gratis y abundantes diversiones. Las mujeres romanas tenían poco poder fuera de la familia y no podían votar, pero muchas tenían éxito en los negocios o gran influencia en eventos políticos. Los esclavos tenían muy pocos derechos, aunque la sociedad dependía del trabajo de ellos. A los prisioneros de guerra se les compraba y vendía como esclavos y muchos eran tratados cruelmente, lo que causaba frecuentes rebeliones.

### UN CÓNSUL ROMANO
Estatua de un cónsul romano, o líder del Senado, en tiempos de la República. En un principio, sólo los nobles y los ricos podían ser senadores; sin embargo, durante el Imperio, el poder e influencia del Senado fue disminuyendo poco a poco.

### LA VIDA DEL ESCLAVO
La marcha cotidiana del Imperio dependía de la esclavitud. Este mosaico muestra a un niño esclavo llevando fruta. Hacia 100 d.C., una familia rica podía tener hasta 500 esclavos. Algunas familias los trataban bien y aquellos que prestaban buenos servicios podían ganar su libertad. Sin embargo, la mayoría llevaba una vida miserable en las minas o trabajando en los campos.

### ETIQUETA DE ESCLAVO
Tal vez un esclavo llevaba este disco de bronce al cuello, como placa de perro. En latín dice: 'Si me escapo, deténganme y devuélvanme a mi amo Vivencio en la hacienda de Calixto'. Los esclavos tenían pocos derechos y sus dueños podían marcarlos con un hierro candente, en la frente o en las piernas, para acreditar su propiedad.

## RECAUDACIÓN DE IMPUESTOS

Este mural posiblemente muestra personas pagando impuestos anuales. Funcionarios del gobierno contaban a la gente y la registraban para que pagara impuestos. Lo recaudado era para costear el ejército y el gobierno. Pero muchos recaudadores recibían sobornos y hasta los emperadores tomaban dinero público para aumentar su fortuna personal.

## ARISTÓCRATAS

Esta pintura italiana del siglo XVIII representa a una noble dama romana mientras se viste, después del baño. Los ricos tenían esclavos personales que les ayudaban a bañarse, vestirse y peinarse. En ocasiones, los esclavos de la casa eran casi parte de la familia y sus hijos podían ser criados y educados junto con los hijos del amo.

# La vida en el campo

LOS PRIMEROS romanos vivían básicamente de la agricultura. Aún cuando Roma se volvió una gran ciudad, los poetas seguían cantando elogios al campo. En realidad, la vida del campo era bastante dura: se usaban bueyes para arar; el grano se cosechaba con una hoz y a menudo la harina se molía a mano; el agua debía acarrearse desde el pozo de la granja o desde un manantial cercano.

Muchas granjas eran muy pequeñas. A veces eran administradas por soldados retirados que criaban pollos y gansos, una vaca o un puerco. También tenían abejas y cultivaban aceitunas y verduras.

Otras granjas en Italia y en el Imperio eran grandes haciendas fundadas para proveer ingresos a sus ricos poseedores. Estas haciendas podían tener sus propias prensas de aceitunas, máquinas cosechadoras y almacenes para secar granos. Con frecuencia, una hacienda se extendía alrededor de una casa o villa grande y lujosa. Los romanos ricos y poderosos tenían otras villas, magníficas casas de campo.

### UNA HACIENDA
La vida en una hacienda era muy ajetreada, como muestra este mosaico de una villa romana en Túnez, norte de África. Las haciendas norafricanas daban a Roma muchos granos, frutas y verduras. Su buen suelo, los veranos calurosos y las lluvias de invierno hacían fácil el cultivo.

### LA VILLA DE ADRIANO
Entre 124 y 133 d.C., el emperador Adriano construyó una de las casas de campo más espléndidas. Partes de la villa aún sobreviven, como demuestran estos paseos a orillas del lago. La lujosa villa propiamente dicha se erguía en la cima de una colina, con la vista de Roma a la distancia. Construida en tierras pertenecientes a la familia de Adriano, tenía pabellones y piscinas, terrazas, salones para banquetes, teatros y bibliotecas. Alrededor de ella había parques con laureles, plátanos y pinos, arbustos exóticos y flores. Adriano diseñó la villa como un palacio de descanso para poder escapar de las preocupaciones del gobierno, pero murió tan sólo cuatro años después de haberla terminado.

## ALIMENTOS PARA ROMA

Roma necesitaba gran cantidad de alimentos para sus habitantes. Los vegetales como puerro, apio, col, frijol y chícharo se cultivaban en jardines comerciales alrededor de la ciudad. Se cosechaban granos como trigo, cebada, avena y centeno. Con las uvas se hacía vino y, como no había azúcar, se usaba miel para endulzar la comida.

*uvas*

*miel*

*trigo*

## CAZA DEL JABALÍ

Con frecuencia las paredes de las villas campestres estaban decoradas con escenas de caza, que era uno de los pasatiempos favoritos de los jóvenes nobles o de los oficiales del ejército que visitaban el campo. El jabalí, como el representado en el mosaico, era uno de los animales más peligrosos cuando atacaba.

## HUERTOS DE OLIVOS

Las aceitunas eran, y son, cultivo importante en las tierras que rodean el Mediterráneo. Se cultivaban en pequeños huertos y en grandes haciendas. El aceite se extraía y guardaba en grandes ánforas de barro. Se usaba para cocinar o como combustible en lámparas.

## PREPARACIÓN DE LA TIERRA

Este campesino de la Britania romana está usando un pesado arado de madera tirado por bueyes. En tiempos del Imperio Romano, amplias zonas de Europa aún estaban cubiertas por espesos bosques, pero fueron despejadas poco a poco y las tierras de cultivo y los huertos surgieron en toda la campiña.

# Pueblos y ciudades

**M**UCHOS DE LOS PUEBLOS de Italia y de las tierras que rodean el Mar Mediterráneo ya eran antiguos y estaban bien establecidos cuando los romanos los invadieron y, bajo su gobierno, esos pueblos prosperaron y crecieron. En otras partes de Europa, donde la gente nunca había vivido en una gran ciudad, los invasores romanos construyeron ciudades impresionantes.

Las ciudades romanas tenían calles rectas y pavimentadas, sobre un plano cuadricular. Unas eran amplias, con aceras; otras, simples callejones donde apenas cabía un burro. La mayoría estaban llenas de gente bulliciosa, vendedores ambulantes, carretas y ruidosas tabernas. Las calles dividían las construcciones en cuadras llamadas *insulae*, que significa islas. Los ricos tenían casas amplias y cómodas, y los más pobres vivían en grupos de apartamentos mal hechos, repletos y en constante riesgo de incendio.

El agua se llevaba a las ciudades por un sistema de canales llamado acueducto, se entubaba hacia las fuentes, los baños públicos y las casas de los ricos.

El 24 de agosto de 79 d.C. el volcán Vesubio hizo erupción de manera violenta y sepultó la ciudad romana de Pompeya en arena y lava. En 1748 se comenzó a desenterrar la antigua ciudad y sus calles; tiendas y casas empezaron a aparecer lentamente. Aquí pueden verse claramente los profundos surcos hechos por ruedas de carretas. Como las calles solían llenarse de lodo y suciedades, se ponían piedras para cruzarlas.

## UN PUENTE-ACUEDUCTO

*Necesitarás: regla, lápiz, tijeras, cartulinas gruesas y delgadas, pegamento blanco, pincel, cinta adhesiva, yeso, pasta para resanar, pinturas acrílicas y agua.*

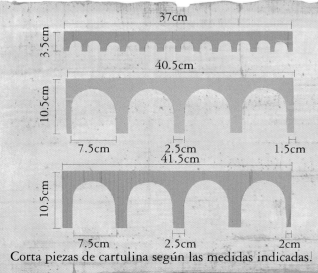

37cm
3.5cm

40.5cm
10.5cm

7.5cm   2.5cm   1.5cm

41.5cm
10.5cm

7.5cm   2.5cm   2cm

Corta piezas de cartulina según las medidas indicadas.

**1** Dibuja y recorta las formas de los arcos en la cartulina gruesa. Necesitas cortar dos para cada nivel del acueducto –superior, medio e inferior.

## ACUEDUCTOS

El agua se llevaba a las ciudades romanas por medio de sistemas de canales y tuberías llamados acueductos. Muchos eran subterráneos. A veces eran sostenidos por grandes arcos, como éste que todavía se yergue en Francia. El agua provenía de frescos manantiales, arroyos y lagos.

## HERCULANO

La erupción volcánica que sepultó Pompeya causó un flujo de lodo que enterró una vecina ciudad costera, Herculano. También ahí los arqueólogos han hallado casas, baños públicos, tiendas y talleres, unos junto a otros. Aquí se ven partes de la ciudad que estaban muy pobladas y estrechas calles empedradas que separaban los edificios.

## PLANO DE LA CIUDAD

Esta vista aérea de Pompeya muestra claramente que las calles romanas seguían un patrón cuadriculado.

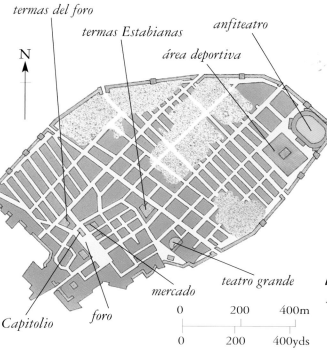

N

termas del foro
termas Estabianas
anfiteatro
área deportiva
teatro grande
mercado
foro
Capitolio

| 0 | 200 | 400m |
| 0 | 200 | 400yds |

*Los acueductos se hacían con una ligera pendiente para asegurar el flujo constante. Iban sobre puentes con arco por los valles de los ríos. El agua fluía por arriba del puente.*

**2** Corta tiras de cartulina delgada de 4, 2.5 y 2 cm de ancho. Son para el interior de los arcos. Con pegamento y cinta adhesiva fija las tiras de 4 cm en el nivel inferior.

**3** Pega el otro lado del nivel inferior y asegúralo con cinta. Con la cartulina gruesa haz una sección a modo de tapa y pégala. Haz los otros dos niveles del mismo modo.

**4** Haz contrafuertes de yeso y envuélvelos con cartulina gruesa. Pégalos a los tres arcos centrales del nivel inferior. Esto sostendrá el puente-acueducto.

**5** Une y pega los tres niveles. Cubre la maqueta con pasta y dibújale ladrillos. Déjala secar. Pinta los arcos de gris y un canal azul de agua en la parte superior.

# Casa y jardín

*jardín*

**S**ÓLO LOS RICOS podían darse el lujo de vivir en casas particulares. Una típica casa de ciudad estaba diseñada para mirar hacia adentro, con cuartos distribuidos alrededor de un patio central y un jardín bardeado. Las paredes exteriores tenían pocas ventanas, pequeñas y con postigos. La puerta principal daba a un pasillo corto que conducía a un patio ventilado llamado *atrium*. Los cuartos frontales, a cada lado del pasillo, generalmente se usaban como recámaras y en ocasiones como tiendas o talleres, ya que tenían postigos que daban a la calle.

El centro del atrium estaba descubierto. En esa área estaba un estanque, empotrado en el piso, para recolectar el agua de la lluvia. Alrededor del atrium había más recámaras y la cocina. A los huéspedes y comerciantes importantes se les llevaba al *tablinium*. El comedor, o *triclinium*, generalmente era la habitación más suntuosa. Los muy ricos también tenían un comedor de verano que miraba al jardín.

Las casas se construían con los materiales disponibles en cada lugar, como piedra, adobe, cemento y madera. Los techos se hacían con tejas de barro.

*recámara*

tablinium
*(sala y oficina)*

### LLAVES Y CERRADURAS
Ésta era la llave de la puerta de una casa romana. Se introducía en una cerradura y los dientes del extremo de la llave encajaban en los orificios del pestillo de la cerradura. Así, la llave podía usarse para correr el pasador y abrir la puerta.

### EN UNA CASA ROMANA
En los pueblos, el exterior de las casas de los romanos ricos no era ostentoso, pero por dentro estaban sumamente decoradas, con pinturas y mosaicos muy elaborados. Las habitaciones tenían escasos muebles: divanes o camas, pequeñas mesas laterales, bancas y banquitos. Había pocas ventanas, pero por los techos altos y las puertas anchas entraba mucha luz del atrium y del jardín.

### HAZ UNA CASA ROMANA

*Necesitarás: lápiz, regla, cartulina gruesa y delgada, tijeras, pegamento, pinceles, cinta adhesiva, cartón corrugado, agua, pintura.*

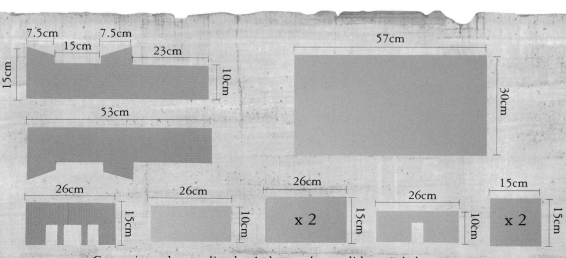

Corta piezas de cartulina basándote en las medidas señaladas.

18

tubo de descarga de agua

atrium
(patio)

recámara

**DELICIAS DEL JARDÍN**

En la parte de atrás de muchas casas romanas había hermosos jardines bardeados, con columnas de piedra, piscinas, fuentes, estatuas y terrazas. La gente comía afuera en las tardes cálidas, se reclinaba en divanes, rodeada de enredaderas, rosas aromáticas, lirios, azucenas, laureles y cipreses.

hiedra

rosas

triclinium
(comedor)

cocina

**Esta casa romana es de paredes altas y sin ventanas, para no dejar entrar el fuerte sol de verano, lo que hace su interior fresco y sombreado.**

1 Haz las piezas de cartulina gruesa. Engoma las orillas. Junta las piezas, presiona para que peguen y refuérzalas con cinta adhesiva, como se indica. Ya tienes las paredes.

2 Mide tu maqueta y corta las piezas de cartón corrugado para hacer los techos. Únelas con pegamento como se muestra arriba. Pinta el techo de rojo.

3 El agua de lluvia que se deslizaba por el techo se dirigía a un estanque a través de canalones. Haz canalones con tiras de cartulina delgada y perfóralos.

4 Pinta las paredes de la casa. Usa cinta adhesiva para irte derecho. Pega los techos y, ¿por qué no terminar tu casa romana decorándola con un *graffiti* auténtico?

# Las comodidades del hogar

LAS CASAS ROMANAS tenían menos muebles que las nuestras. La gente guardaba su ropa en estanterías y arcones de madera, más que en roperos o cajones. Los bancos de madera o metal se usaban más que las sillas. Los divanes eran las piezas más importantes del mobiliario y se usaban para descansar, comer y recibir visitas.

Los muebles romanos solían ser muy simples, pero los ricos podían darse el lujo de tener mesas finas o bancas trabajadas a mano, de madera, mármol o bronce. Las mesas para comer eran muy bajas, porque los romanos ricos cenaban recostados en divanes. Las camas eran generalmente de madera, con tablas o cuerdas para sostener el colchón y las almohadas, que estaban rellenos de lana o paja.

La luz de las casas, ricas y pobres, provenía de lámparas de aceite, pequeñas y vacilantes, de barro o bronce. La calefacción la daba el carbón encendido en braseros exteriores. Las casas más lujosas tenían calefacción central bajo los pisos, especialmente en las zonas más frías del Imperio.

## DECORACIÓN INTERIOR
Las paredes, techos y pisos de las casas estaban cubiertos con pinturas, mosaicos y relieves estucados. Elaboradas escenas se pintaban directamente en las paredes, mientras que grecas brillantes, de azulejos y mosaicos, decoraban los pisos.

## UN HIPOCAUSTO
La calefacción central, bajo piso, se llamaba hipocausto. Éstos son los restos del hipocausto del palacio de Fishbourne, en Inglaterra. Sólo los romanos ricos podían permitirse esta temprana forma de calefacción central, y muchos sólo la tenían en el comedor.

*piso cubierto de mosaicos, calentado desde abajo*

## CALEFACCIÓN SUBTERRÁNEA
Un horno, de carbón o madera, calentaba el aire abajo del piso. El aire caliente circulaba entre los pilotes de ladrillo o baldosa que sostenían el piso y también fluía hacia arriba entre las paredes, por canales especiales. Esto mantenía tibia toda la habitación. Los esclavos atizaban el fuego.

*caldera exterior con fogón al frente*

*el aire caliente, proveniente de una caldera, fluye bajo el piso y hacia arriba dentro de las paredes*

## ORATORIO FAMILIAR

El *lararium*, u oratorio familiar, era un pequeño altar privado que contenía las imágenes de los ancestros de la familia. Por lo general se situaba en el *atrium*, al centro de la casa. Cada día la familia honraba a sus ancestros quemando incienso en el oratorio.

## LA COMIDA ESTÁ SERVIDA

Invitados a un banquete en la Germania romana. Sólo los campesinos, extranjeros y esclavos comían sentados. En general, las mesas y sillas eran de madera y podían ser talladas o pintadas. También había sillones de mimbre. Los romanos ricos comían recostados en divanes alrededor de una mesa central baja.

## LÁMPARA

Los hogares romanos se alumbraban con la suave luz de velas y lámparas de aceite, hechas de barro o bronce. Había muchos diseños, pero todas tenían un hueco en el centro para contener el aceite de oliva. El pabilo que se impregnaba con el aceite daba una flama estable. A veces agrupaban las lámparas o las colgaban de un candelero.

## UNA CAMA DE LUJO

Esta hermosa cama es de madera, decorada con incrustaciones de marfil y piedras semipreciosas. Se remonta al año 50 a.C. y fue descubierta en las ruinas de una villa en Italia. La villa había sido sepultada por la arena de una erupción volcánica. Las camas, o divanes para dormir, eran mucho más altos que los actuales y se necesitaban escalones o un banquillo para subir.

# En la cocina

**C**UANDO SE PREPARABA una gran comida, los esclavos llevaban a la cocina agua y leña. Al encender el fuego los cuartos se llenaban de humo porque no había chimeneas, pero poco después los carbones se ponían al rojo vivo y las ollas comenzaban a hervir sobre las parrillas y planchas de la alta estufa de ladrillo. La comida se hervía, freía, asaba o estofaba. Las cocinas más grandes tenían hornos de piedra para el pan o asadores para la carne. Unas pocas también tenían agua caliente entubada.

Las cocinas de los romanos ricos estaban bien equipadas con ollas, cazuelas, coladores y cucharones de bronce. En tinajas de barro guardaban vino, aceite de oliva y salsas. Colgaban en ganchos hierbas, vegetales y carne. No había latas, refrigeradores ni congeladores para conservar la comida, por ello se secaba, ahumaba o preservaba en aceite, sal o vinagre.

*mortero*

### EL VALIOSO VIDRIO
Esta botella o jarra de vidrio tiene cerca de 1900 años. Los líquidos apreciados o perfumes caros se vendían en botellas como ésta en todo el Imperio. No se tiraban porque eran demasiado valiosas, sino que se volvían a usar para almacenar alimentos, como la miel.

### EL MORTERO Y SU MANO
A los romanos les gustaba la comida muy condimentada, así que los cocineros usaban morteros y manos para moler alimentos como nueces, hierbas y especias. Eran de barro muy grueso o de piedra. El interior del mortero era de grava burda para ayudar a triturar los alimentos.

*mano*

### UNA COCINA ROMANA
*Necesitarás: lápiz, regla, cartulina, tijeras, pincel, pegamento, cinta adhesiva, agua, pintura acrílica, plumón rojo, yeso o arcilla, madera balsa, lija, tabla y espátula.*

**1** Recorta en la cartulina las paredes y el piso de la cocina, como en la figura. Pega las orillas haciendo presión y refuérzalas con cinta adhesiva.

**2** Pinta el piso de gris. Cuando seque, dibújale losetas de piedra. Pinta las paredes de amarillo con bordes azules. Cuando seque, usa el plumón para dibujar líneas.

**3** Corta piezas de cartulina de 2 cm de largo, 5 cm de ancho y 4 cm de alto para hacer una estufa. Junta las piezas, pégalas y refuérzalas con cinta adhesiva, como se muestra.

## PARA LLEVAR A LA COCINA

Hierbas de olor frescas –cilantro, orégano, ruda, menta, tomillo y perejil– iban del jardín a la cocina. La comida se condimentaba con pimienta, alcaravea, anís, semillas de mostaza y azafrán. En la mesa podía haber huevos, uvas, higos y nueces. Muchos conocimientos de la cocina romana provienen de las recetas coleccionadas por un gastrónomo romano llamado Apicio, hace casi 2000 años.

*azafrán*

*tomillo*

*menta*

*huevos de codorniz*

## CHAROLA DE HORNEAR

Esta charola de bronce se usaba quizás para hornear pasteles de miel, bollos o empanadas. El mango largo facilitaba sacarla del horno caliente. También pudo haberse usado para cocinar huevos.

## COLADOR

Los romanos usaban este artefacto de bronce para colar salsas. Tiene el mismo diseño que una cacerola, pero el recipiente está perforado con un dibujo intrincado. El agujero del mango se usaba para colgarlo en la pared.

## CACEROLA

Esta cacerola es de bronce, como muchos utensilios romanos de cocina. El bronce contiene cobre y puede dar a la comida un sabor muy raro, por eso el interior de la cacerola fue recubierto con plata para evitar que eso pasara.

*En la cocina se guardaban alimentos en canastas, tazones o costales. Vino, aceite y salsas, en vasijas de barro llamadas ánforas.*

**4** Cubre la estufa con yeso y déjala secar. Líjala hasta dejarla lisa. Haz una rejilla con dos tiras de cartulina y cuatro pedacitos de madera balsa. Pégalos.

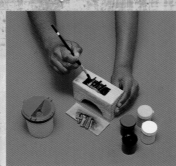

**5** Pinta la estufa y la parrilla con las pinturas acrílicas, como en la figura. Haz una pila de leña con pedacitos de madera y ponla abajo de la estufa.

**6** Haz una mesa y estantes de madera como se muestra en la figura. Fíjalos con pegamento y cinta adhesiva. Déjalos secar y píntalos de café.

**7** Moldea ollas, cazuelas, tazones, frascos, sartenes para freír y hasta un caldero de yeso. Deja secar los utensilios y píntalos con colores adecuados.

# Comida y bebida

LOS ROMANOS POBRES comían poco más que un tazón de avena o un mendrugo acompañado con vino agrio. En las ciudades, muchas personas vivían en casas sin cocina y tenían que comprar 'comida para llevar' en los diversos puestos y tabernas. Aun para gente más rica, el desayuno podía ser solamente un rápido tentempié consistente en pan, miel y aceitunas. El almuerzo también era ligero, tal vez huevos o carnes frías y fruta. La comida principal del día era la cena, que podía comenzar con mariscos o una ensalada, luego un plato fuerte de carne asada, como puerco, ternera, pollo o ganso, con vegetales. Terminaba con un plato dulce, de fruta o pasteles de miel.

En banquetes más lujosos podían servirse crías de lirón, aves canoras, lenguas de flamenco o crema de sesos de becerro y rosas silvestres. Se cocinaba con muchas especias y muchas veces se acompañaban los platillos con una salsa de pescado llamada *garum*. El vino se mezclaba con agua y a veces se aderezaba con miel y especias. Si sobraba algún bocado, los invitados podían llevárselo.

### ESCLAVOS SIRVIENTES
Este mosaico muestra a un esclavo, llamado Paregorius, ayudando a poner la mesa de su amo para un banquete. Lleva una bandeja con platillos en la cabeza. Durante el banquete se servían pocos guisos a la vez y se colocaban sobre mesas bajas. Los esclavos cocinaban y servían la comida.

### DÁTILES ENMELADOS

*Necesitarás: tabla, dátiles, cuchillo pequeño, nueces de castilla, nueces americanas, almendras, avellanas, mano, mortero, sal, 175 ml de miel, sartén, cuchara de madera y hojas frescas de menta.*

**1** Abre los dátiles con el cuchillo. Remuéveles las semillas. Procura no cortar el dátil totalmente por la mitad y ten cuidado al manejar el cuchillo.

**2** Deja aparte las avellanas. Pica las nueces. Usa la mano y el mortero para triturarlas. Rellena las mitades de los dátiles con un poco de esta pasta.

**3** Vierte un poco de sal sobre la tabla de picar y desliza suavemente por ella cada dátil. Asegúrate de que estén bien recubiertos, pero no uses demasiada sal.

## TAZAS

Tazas como ésta se usaban para beber vino. Muchas tazas para beber tenían asas y estaban muy decoradas. Las tazas de metal hacían que el vino tomara mal sabor, así que las copas de vidrio de colores y de barro eran más populares.

## LA PLATA DE LA FAMILIA

Estas cucharas de plata eran de una familia rica de la Britania romana. Se comía con los dedos y las cucharas se usaban para las salsas. Los romanos solían cargar sus mejores cubiertos de plata como signo de posición social.

## UN BANQUETE

Este mural muestra un típico banquete romano. Se sentaban tres invitados en cada diván. Después de la comida se les divertía con lectura de poesías, música, chistes y malabarismos. Los buenos modales y la ropa eran importantes en un banquete. No se permitían discusiones ni malas palabras, pero era correcto escupir, eructar o ¡comer hasta sentirse mal!

*Los romanos gustaban de platillos dulces con nueces y dátiles del norte de África. También ponían dátiles a las salsas que comían con platillos de pescado y pato asado.*

**4** Derrite la miel en una sartén a fuego lento. Fríe ligeramente los dátiles por 5 minutos, voltéalos con una cuchara de madera. Ten cuidado al usar la estufa.

**5** Acomoda los dátiles fritos en un plato raso. Pon encima avellanas enteras, nueces picadas y hojas de menta. Ahora se los puedes servir a tus amigos.

# El vestido

L A MAYORÍA DE LA ROPA ROMANA estaba hecha de lana hilada y tejida a mano en casa o en talleres. El lino se cultivaba en Egipto, mientras que el algodón y la seda eran importaciones raras y caras, de India y de China. La túnica simple era la prenda más común, por ser muy práctica para la gente que llevaba una vida activa, como trabajadores, esclavos y niños. Los hombres importantes también usaban una túnica blanca llamada toga, constituida por 6 m de tela con borde curvo que se envolvía alrededor del cuerpo y se colgaba del hombro. Era pesada e incómoda, pero muy impresionante. Las mujeres usaban un vestido largo llamado *stola*, sobre una especie de fondo. A menudo se ponían una *palla* —amplio chal que podía arreglarse de varios modos. Las muchachas vestían de blanco hasta que se casaban y después usaban ropas de brillantes colores.

### VESTIDAS PARA BACO
Las pinturas murales en las casas de los romanos ricos nos dan una idea muy clara de cómo se vestía la gente. Esta escena se encontró en la Villa de los Misterios, en Pompeya. Muestra a mujeres jóvenes arreglándose para ser las esposas ceremoniales de Baco, el dios del vino.

### CALZADO ROMANO
Esta sandalia (*izquierda*) y el zapato de niño (más a la *izquierda*) se hallaron en York, Inglaterra. Muchos romanos usaban sandalias abiertas de cuero. Había muchos diseños, algunos con las suelas clavadas para hacerlos más duraderos. En las partes más frías del Imperio usaban zapatos y botas.

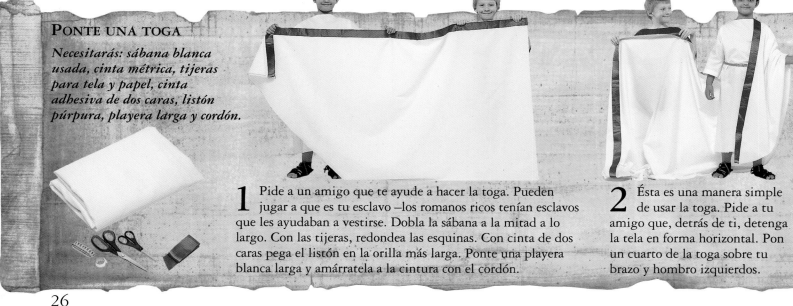

### PONTE UNA TOGA

*Necesitarás: sábana blanca usada, cinta métrica, tijeras para tela y papel, cinta adhesiva de dos caras, listón púrpura, playera larga y cordón.*

**1** Pide a un amigo que te ayude a hacer la toga. Pueden jugar a que es tu esclavo —los romanos ricos tenían esclavos que les ayudaban a vestirse. Dobla la sábana a la mitad a lo largo. Con las tijeras, redondea las esquinas. Con cinta de dos caras pega el listón en la orilla más larga. Ponte una playera blanca larga y amárratela a la cintura con el cordón.

**2** Ésta es una manera simple de usar la toga. Pide a tu amigo que, detrás de ti, detenga la tela en forma horizontal. Pon un cuarto de la toga sobre tu brazo y hombro izquierdos.

## LA ROPA DE LOS TRABAJADORES

No todos los romanos vestían ropa suelta. Posiblemente este hombre es un campesino de la Alemania romana. Lleva tiras de tela alrededor de sus piernas para protegerse del frío y de la humedad. Las capas con capucha, como ésta, se exportaban de Las Galias (hoy Francia) y Britania (hoy Inglaterra).

## ROPA QUE IMPACTA

Este relieve en piedra muestra a la familia del emperador Augusto vestida para una importante ocasión de Estado. Todas las mujeres visten la *stola*, con una *palla* colgando de sus hombros o cabezas. Hombres y niños visten togas. Todos los romanos libres podían usar la toga, pero sólo las clases altas lo hacían. Esto era porque tomaba tiempo —y requería ayuda— ponérsela. Una vez puesta, era ¡bastante incómoda para moverse!

**3** Trae el resto de la toga hacia adelante, pasándola por abajo de tu brazo derecho. Para sostenerla, sujeta algunos pliegues en el cordón de tu cintura.

**4** Ahora tu amigo puede ayudarte a doblar con cuidado el resto de la toga sobre tu brazo izquierdo, como se muestra. Si prefieres, ponla encima de tu hombro izquierdo.

*Los niños de familias ricas usaban togas con una delgada raya púrpura hasta cumplir 16 años. Luego usaban togas lisas. Los senadores usaban togas con anchas rayas púrpuras. El tinte púrpura era muy caro, por eso lo usaban sólo ciudadanos de alto rango.*

# Moda y belleza

UNA DAMA ROMANA pasaba la mayor parte de la mañana rodeada por sus esclavas. Algunas le llevaban un espejo de bronce o plata, frascos de aceites perfumados o ungüentos. Otra esclava la peinaba, y podía esperar un malévolo pinchazo con una horquilla si le jalaba el pelo.

Muchas mujeres ricas querían verse pálidas –sólo las mujeres que trabajaban a la intemperie estaban bronceadas. Se aplicaban gis en la cara, o incluso un polvo venenoso de plomo blanco. Se hacían mascarillas con pan y leche. Entre los remedios contra barros y espinillas estaba ¡el excremento de pájaros! Con ocre rojo o sedimentos de vino tinto se hacían lápices labiales y rubores, las sombras de ojos, con ceniza y azafrán. Las mujeres usaban el cabello rizado, trenzado o recogido, según la moda.

### RETRATO DE UNA DAMA
Retrato de una dama que vivió en la provincia romana de Egipto. Sus aretes y su collar son de esmeraldas, granates y perlas engarzados en oro. Son símbolo de su riqueza, porque seguramente eran muy caros. Su cabello se aprecia rizado y tal vez utilizó hollín con el fin de oscurecer sus pestañas y cejas.

### PEINE LABRADO
Este peine está tallado en marfil y su inscripción en latín dice 'Adiós, Modestina'. Se usaban peinetas de plata y marfil para decorar los complicados peinados de las mujeres romanas. Las mujeres pobres usaban peinetas de madera o hueso, más por necesidad que por moda.

### PARA PERFUMES
Estos bonitos perfumeros eran de una dama romana. El redondo es de vidrio soplado y amalgamado con oro. El otro es de ónix, una piedra preciosa que tiene vetas de varios colores.

### UN TOCADO DORADO
*Necesitarás: cinta métrica, cartulina, lápiz, tijeras, goma, pincel, cordón, cuentas de plástico, papel dorado, cinta adhesiva o clips.*

**1** Mide el contorno de tu cabeza y dibuja una tiara de cartulina de esa medida. También traza contornos de hojas de diferentes tamaños, como en la figura.

**2** Recorta cuidadosamente la tiara y las hojas de cartulina. Ahora retira la parte interna de las hojas de modo que parezcan arcos.

**3** Con el pincel y el pegamento adhiere los arcos en la parte frontal de la tiara para que le den un toque muy elegante.

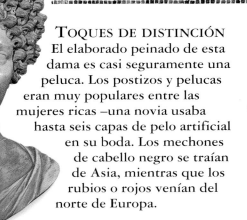

## TOQUES DE DISTINCIÓN

El elaborado peinado de esta dama es casi seguramente una peluca. Los postizos y pelucas eran muy populares entre las mujeres ricas –una novia usaba hasta seis capas de pelo artificial en su boda. Los mechones de cabello negro se traían de Asia, mientras que los rubios o rojos venían del norte de Europa.

## PEINADOS MASCULINOS

Los hombres atendían tanto su apariencia como las mujeres. Generalmente usaban el pelo corto, ya sea peinado hacia adelante o rizado. La mayoría se rasuraba de manera impecable, pero la barba se puso de moda durante el reinado del emperador Adriano (117-138 d.C.)

## EXHIBICIÓN DE LUJO

Esta ilustración muestra una danza ceremonial en el Templo del Sol, en Roma. Hombres y mujeres visten tocados dorados con piedras preciosas y filigrana de oro. Estas pródigas manifestaciones se reservaban para los grandes sucesos públicos y tenían el fin de mostrar la riqueza y el poder del Imperio.

## ANILLOS EN SUS DEDOS

Hombres y mujeres usaban joyería, especialmente anillos. La gente rica se ponía anillos como éstos, generalmente de oro o plata, y los había con esmeraldas, perlas y ámbar. Los menos ricos usaban anillos de bronce.

*La tiara terminada puede sujetarse con cinta adhesiva o con un clip. A las romanas les gustaba ponerse tiaras de oro y joyas en el pelo.*

**4** Corta pedacitos de cordón y pégalos en el contorno interior de los arcos. Pega las cuentas de plástico en la parte superior de cada arco, para que parezcan piedras preciosas.

**5** Pega papel dorado de envolturas de dulces en la tiara. Con la parte posterior del pincel mete todas las orillas del papel dorado alrededor de las cuentas.

# Lecciones y aprendizaje

La mayoría de los niños del Imperio Romano no iba a la escuela. Aprendían de sus padres un oficio o a sumar vendiendo en algún puesto de mercado. Los varones podían ser entrenados para luchar con espadas y montar a fin de unirse al ejército. A las niñas se les enseñaba a administrar el hogar, como preparación para el matrimonio.

Las familias ricas sí daban educación a sus hijos y a veces también a sus hijas. Generalmente se les educaba en casa, a través de un tutor, pero también había pequeñas escuelas en las que los tutores y maestros enseñaban aritmética y a leer y escribir, tanto en latín como en griego. Los alumnos inteligentes también podían aprender oratoria, poesía e historia. Las niñas muchas veces aprendían en casa a tocar un instrumento musical llamado lira.

**TINTEROS Y CÁLAMOS**
Cálamo y tinta se usaban para escribir en rollos de papiro (una especie de bejuco) o delgadas hojas de madera cubiertas de cera. Frecuentemente la tinta se hacía mezclando hollín con agua. Se guardaba en tinteros como éstos, de vidrio, cerámica o metal. Los cálamos eran de hueso, caña o bronce.

**ESCRITURA EN CERA**
En esta pintura se ve una pareja de Pompeya. El hombre sostiene un pergamino. Su esposa quizás está revisando las cuentas domésticas. Ella sostiene una tablilla recubierta de cera y un estilo para grabar palabras. El estilo tenía un extremo puntiagudo para escribir y otro plano para borrar.

## TABLILLA PARA ESCRIBIR

*Necesitarás: hojas, palitos de madera balsa, navaja, regla, pegamento, brocha, pintura café, agua, yeso, tabla, rodillo, herramienta para modelar, punzón, hilo morado, lápiz (para usarse como estilo) y pintura dorada.*

**1** Con la navaja corta la hoja de madera en dos rectángulos de 10 x 22 cm. Debes cortar cuatro palitos de madera de 22 cm de largo y cuatro de 10 cm de largo.

**2** Pega los palitos alrededor de la madera, como se muestra. Esto formará un hueco poco profundo en el que podrás colocar la 'cera'. Pinta los dos marcos de color café.

**3** Extiende el yeso sobre la tabla y coloca uno de los marcos encima. Con la herramienta para modelar corta el yeso alrededor del marco. Repite este paso.

## Maestro y alumnos

Esta escultura de piedra de la Germania romana muestra a un maestro sentado entre dos de sus alumnos, que leen sus lecciones en rollos de papiro. Los niños aprendían de memoria poesías y otros escritos. Cualquier mal comportamiento o error se castigaba con una paliza.

## Escritura

Para escribir se utilizaban varios materiales. Se derretía cera de abeja y se vertía en bandejas de madera para hacer tablillas para escribir. Se grababan letras en la cera, que podía usarse una y otra vez. El hollín se mezclaba con agua y otros ingredientes para hacer tinta para escribir en papiro, pergamino o madera.

hollín

cera de abeja

números romanos en papiro

## Letras en la roca

Templos, monumentos y edificios públicos estaban cubiertos con inscripciones en latín, como la que se muestra. Talladores de piedra cincelaban hermosas letras en el mármol. Esta inscripción marca el decimocuarto cumpleaños de Lucio César, nieto del emperador Augusto.

**4** Quita más o menos 1 cm de yeso alrededor del borde. Esto ayudará para asegurar que el yeso quepa dentro del marco hecho con madera de balsa.

**5** Con cuidado presiona el yeso dentro de cada marco –éste representa la cera. Con el punzón haz dos hoyos en la parte interior de cada marco, como se muestra.

**6** Pasa el hilo morado por los hoyos de los dos marcos para unirlos y amárralos juntos. Ahora ya está terminada tu tablilla para escribir.

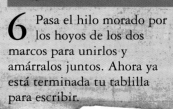

*Pinta el lápiz de color dorado para que parezca de metal. Úsalo como estilo para grabar palabras en tu tablilla. ¿Por qué no tratas de escribir en latín? Podrías escribir* **CIVIS ROMANVS SVM,** *que quiere decir 'Yo soy un ciudadano romano'.*

31

# En el foro

Toda gran ciudad romana tenía un foro –plaza comercial con edificios públicos a su alrededor. Aquí la gente se reunía para hacer negocios e intercambiar chismes. Por las mañanas, mientras peinaban a la señora de la casa y los niños batallaban con sus lecciones, el marido iba caminando al foro.

En la plaza central del foro la multitud se apilaba en torno a los puestos. A veces estallaba una riña cuando los inspectores de pesas y medidas acusaban a algún vendedor de engañar a sus clientes. Alrededor había tiendas, monumentos imponentes, estatuas de mármol y templos. A veces en las paredes de los edificios había *graffiti* con textos políticos, insultos personales o declaraciones de amor. En uno de los lados del foro estaba la basílica, gran edificio que era sede de gobierno, tribunal y lugar público de reunión. Algunos asistentes debieron ser miembros de la curia o concejo local o de algún gremio comercial que tenía sus negocios en ese lugar.

## El centro de Pompeya

En las ruinas de Pompeya están los restos de esta hilera de columnas. Eran parte de una columnata de dos pisos que alguna vez ocupó tres lados del foro. Había tiendas y puestos detrás de la columnata, al ras del piso.

## Templos y prosperidad

En el foro de cada ciudad había espléndidos templos dedicados a los muchos dioses de la antigua Roma. También había templos dedicados a romanos famosos. Las grandes columnas de este templo aún están en el foro de Roma. Una iglesia cristiana está hoy detrás de ellas. El templo se dedicó a Antonino Pío, un sabio emperador romano, y su esposa Faustina.

### ASUNTOS DE DINERO

Cambistas y banqueros se reunían a discutir tratos y negocios en el foro. Aquí, dos recaudadores de impuestos reúnen dinero para el concejo local. Todos los bienes que pasaban por la ciudad causaban impuestos.

### BOCADILLOS

Mientras la gente corría a su trabajo o charlaba con amigos, podía adquirir bocadillos en un puesto o con un vendedor ambulante. Las empanadas rellenas de carne muy sazonada eran populares. En días de mercado comerciantes y granjeros también instalaban sus puestos en la plaza central.

### LA BASÍLICA

Basílica de Majencio, en Roma. Una basílica era un edificio enorme usado como sede de gobierno y tribunal. Solía tener techo muy alto sostenido por hileras de columnas. Las columnas la dividían en un área central con dos naves laterales. La gente iba allí a trabajar, a hacer negocios o simplemente a charlar con amigos.

# Compras al estilo romano

E N LA MAYORÍA DE CIUDADES GRANDES, las tiendas estaban afuera del foro y a lo largo de calles principales. Generalmente eran pequeños negocios familiares. Al empezar el día quitaban postigos o persianas de los aparadores y exhibían las mercancías. El ambiente se alborotaba con panaderos, carniceros, vendedores de pescado, frutas y vegetales que gritaban que sus productos eran mejores y más baratos. Había carne en ganchos y comida preparada, granos o aceites en ollas y ánforas en estantes de piedra. Otras tiendas vendían lámparas de barro o bronce, enseres de cocina, cacerolas o cuchillos, mientras los artesanos reparaban zapatos o lavaban ropa. Ruidos de martillos y otras herramientas que salían de los talleres de las trastiendas se añadían al clamor de la ajetreada calle principal.

### ¿QUÉ TAL LOS NEGOCIOS?
Este relieve muestra a mercaderes discutiendo precios y ganancias, mientras un asistente trae mercancías de la bodega. La mayoría de las tiendas eran de una sola habitación, con bodegas o talleres atrás.

### DINERO ROMANO
Se usaba la misma moneda en todo el Imperio Romano. Las monedas eran de oro, plata y bronce. Los compradores guardaban su dinero en bolsas de tela o cuero, o en cajas de madera.

### EN EL MERCADO
El Mercado de Trajano era un grupo de tiendas dispuestas en cinco pisos en una colina de Roma. Muchas ciudades tenían galerías cubiertas o mercados centrales como éste, donde los comerciantes alquilaban locales.

## UN RESTAURANTE ROMANO

Hace unos 1700 años se adquiría buena comida en este lugar de Ostia, el puerto marítimo más cercano a Roma. Tabernas, mesones y cafés tenían mostradores de roca, a veces decorados con mármol de colores. A la hora del almuerzo, tabernas como ésta se llenaban de clientes.

## UNA CARNICERÍA

Un carnicero romano corta unas chuletas mientras una clienta espera su pedido. Las carnicerías han cambiado muy poco. Vendían puerco, carnero y res; los embutidos también eran muy populares. A la derecha, una pesa romana: barra de metal como regla, con charola para pesar la carne.

## EXHIBIDOR DE COMIDA

Restos arqueológicos de una tienda de comida. Los grandes contenedores de barro, llamados *dolia*, están empotrados en un mostrador de mármol. Se usaban para exhibir y servir la comida, como frijoles y lentejas. También servían para mantener frías las ánforas de vino en verano. Podían cubrirse con tapas de madera o piedra para alejar las moscas.

# Comercio y artesanías

Había talleres de cerámica en todo el Imperio Romano. Las vasijas de barro se hacían en un torno para dar forma a la arcilla fresca que después se cocía en un horno. Parte del mejor barro provenía del área de Arezzo, Italia. Había grandes centros de cerámica en Las Galias (Francia) que producían una de color rojo, muy popular, llamada cerámica samiana. En la Germania romana las copas de cerámica eran negras con decorados blancos y lemas como '¡Bebe!' o '¡Tráeme vino!' –en latín, por supuesto.

Los romanos aprendieron de los sirios a soplar vidrio con un tubo largo y a darle distintas formas. Era una técnica nueva y simple, aunque por siglos habían conocido varias formas de hacer vidrio. Por ello, el vidrio fue muy usado en tiempos de los romanos.

Las habilidades del herrero eran requeridas todos los días en todo el Imperio. Martillaban en sus yunques dando forma a utensilios de hierro, armas y vasijas. Algunos forjadores de metales eran excelentes artistas, trabajaban oro, plata y bronce.

**EL DIOS DE LOS HERREROS**
Los romanos creían en muchos dioses. Ésta es la imagen de Vulcano, dios de los herreros o forjadores de metal. Lleva un martillo, usado para moldear los metales en un yunque.

**FORJADORES DE COBRE**
Un día típico y atareado en el taller de un forjador de cobre. Un cliente y su hijo observan al artesano mientras golpea hojas de cobre caliente sobre un yunque. Otro artesano, inclinado sobre su trabajo, decora una vasija de cobre. Las mercancías que venden están expuestas en la pared o cuelgan del techo.

## CERÁMICA SAMIANA

Esta vasija decorada se encontró en Felixstowe, Britania. La cerámica samiana, roja y brillante, se hacía en Las Galias (Francia), en talleres casi tan grandes como fábricas. Esta famosa cerámica se transportaba a todo el Imperio, por tierra y por mar.

## TIENDA ROMANA

Este relieve en piedra muestra una tienda romana de telas y cojines. Los clientes están sentados mientras el tendero les muestra sus mercancías. Los romanos eran hábiles escultores y gran parte de nuestro conocimiento del Imperio proviene de estos detallados relieves en piedra.

## OBJETOS DE VIDRIO

Hacían vasijas, jarras, frascos y botellas de calidad. Muchos de ellos tenían diseños muy sencillos, mientras que otros estaban muy decorados. En algunas piezas usaban tiras de vidrio de colores y hasta oro. Los romanos ricos usaban los objetos de vidrio más fino y siempre los sacaban cuando tenían invitados.

## TINTES NATURALES

Los trabajadores textiles romanos usaban gran variedad de tintes naturales, incluyendo cáscaras de cebolla (color amarillo dorado), piñas de pino (amarillo rojizo) y corteza de árbol (café rojizo). Otras materias primas eran bayas, hojas, minerales, mariscos, ortigas y azafrán.

*corteza*

*piñas*

*cebolla*

# Pinturas y esculturas

A LOS ROMANOS les gustaba decorar sus casas y lugares públicos con pinturas y esculturas. Los mosaicos eran pinturas hechas con *tesserae* —cuadritos de piedra, cerámica o vidrio— sobre cemento fresco.

Los mosaicos representaban escenas de caza, cosechas o dioses romanos. Las grecas geométricas eran muy populares y a menudo se usaban como marcos.

Las pinturas murales mostraban escenas de jardines, pájaros, animales, héroes y dioses. Se pintaban sobre paneles de madera o directamente sobre la pared. A los artistas romanos les gustaba engañar el ojo pintando falsas columnas, arcadas y repisas. Los romanos eran buenos escultores y usaban piedra, mármol y bronce. Imitaban a los antiguos griegos al colocar estatuas de mármol en lugares públicos y jardines. Podían ser de dioses, diosas, emperadores o generales.

**UNA ESCENA CAMPESTRE**
Este hombre y el jabalí son parte de un mosaico del norte de África. Hacer mosaicos era complicado —como armar un rompecabezas. Mas, por su destreza, los artistas creaban escenas realistas con cuadritos de vidrio, barro y piedras.

**ESCULTURA**
Ponían estatuas de metal o roca en los jardines. Esta figura de bronce está en las ruinas de una casa de Pompeya. Es un fauno (dios de la campiña).

**PISOS DE MOSAICO**
Pájaros, animales, plantas y escenas campestres eran frecuentes en mosaicos. Estos loros son parte de un piso de mosaico, grande y muy elaborado, de una casa romana.

## HAZ UN MOSAICO

*Necesitarás: papel áspero, lápiz, regla, tijeras, cartulina, yeso o arcilla, rodillo, tabla, cuchillo, pinturas acrílicas, pincel, agua, barniz transparente, brocha (opcional) y trapo de muselina.*

**1** Dibuja tu mosaico en el papel áspero. Para empezar está bien un dibujo simple como éste. Corta una hoja de cartulina de 25 x 10 cm y copia el dibujo en ella.

**2** Extiende el yeso en la tabla. Con la regla dibuja pequeños cuadros en el yeso. Córtalos con el cuchillo. Déjalos secar. Estos servirán como tus *tesserae*.

**3** Pinta las piezas en lotes de diferentes colores, como se muestra arriba. Cuando se sequen, puedes barnizarlos para hacerlos más duros y que brillen. Deja secar el barniz.

## MATERIAL PARA MOSAICOS

Muchas veces los mosaicos se elaboraban sobre marcos en el taller, y luego eran llevados a donde iban a colocarse. En otras ocasiones, los tesserae eran llevados y armados en el domicilio. El piso de una habitación de una casa romana de ciudad podía necesitar más de 100 000 piezas.

*tesserae*

*trozos de cerámica*

### MÚSICOS Y DANZANTES

Esta dramática pintura se encontró en los muros de una villa, en Pompeya. Forma parte de una serie de pinturas que muestran los ritos secretos, o misterios, para honrar al dios Baco.

### ¿REAL O FALSO?

A los artistas romanos les gustaba que lo que pintaban pareciera tan real como para poder tocarlo. Este frutero sobre un estante es típico de ese estilo. Estaba en la pared de una villa de un rico terrateniente.

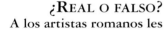

**4** Extiende la pasta de yeso sobre la cartulina, poco a poco. Mientras esté fresca, pega tus *tesserae* siguiendo el dibujo, como en la figura. Usa tu boceto como guía.

**5** Cuando el mosaico esté seco, pule la superficie con el trapo de muselina. Cualquier trapo, suave y seco, podrá servir. Ahora tu mosaico está listo para exhibirlo.

*A los romanos les gustaba tener mosaicos en sus casas. La gente rica solía tener unos muy elaborados en sus patios y comedores, porque eran las habitaciones que los huéspedes podían ver.*

# Médicos y medicina

Algunos romanos llegaban a la vejez, pero la mayoría moría antes de los 50 años. Por esqueletos que se han conservado, los arqueólogos han averiguado mucho sobre salud y enfermedad en tiempos de los romanos. Nos indican, por ejemplo, de qué edad murió alguien y su estado general de salud durante la vida. Escritos antiguos también nos dan información acerca del conocimiento médico de los romanos.

Los médicos romanos tenían pocos conocimientos científicos. Sanaban a los enfermos con una mezcla de sentido común, fe en los dioses y magia. Roma heredó muchas curas y tratamientos de los médicos de la Grecia antigua. Griegos y romanos también compartían el dios de la medicina, Esculapio. Había médicos, parteras, dentistas y oculistas en la mayor parte del Imperio. Los cirujanos operaban las heridas recibidas en batalla, huesos rotos y hasta cráneos. Los únicos analgésicos se hacían con jugo de amapola. Una operación debió haber sido una experiencia terrible.

**FARMACIA**
Esta farmacia es administrada por una mujer, caso poco frecuente en tiempos de los romanos, pues rara vez se daba a las mujeres puestos de responsabilidad. Los farmacéuticos juntaban y mezclaban hierbas para los médicos.

**DIOSA DE LA SALUD**
Griegos y romanos honraban a la hija del dios Esculapio como diosa de la salud. Se le llamaba Higía. La palabra higiene, que deriva de su nombre, todavía se usa y significa sin gérmenes.

**CAJA MÉDICA**
Los médicos romanos usaban cajas como ésta para guardar varios medicamentos. Muchos tratamientos usados por los médicos eran de hierbas, y no siempre tenían buen sabor.

**INSTRUMENTOS MÉDICOS**
Los romanos usaban varios utensilios quirúrgicos y otros instrumentos. Estos son de bronce e incluyen un escalpelo, fórceps y una espátula para mezclar y aplicar varios ungüentos.

## EN TERAPIA

Ruinas de una clínica médica en Asia Menor (hoy Turquía). Fue construida hacia 150 d.C. en honor a Esculapio, dios de la medicina. Estas clínicas se conocían como edificios de terapia. La gente venía a ellos buscando curación a todo tipo de enfermedades.

## BAÑO DEL BEBÉ

Este relieve en la ciudad de Roma muestra a un recién nacido que recibe un baño. Los romanos daban mucha importancia a los baños frecuentes con agua limpia. El parto era peligroso para la madre y el niño. A pesar de eso, a los romanos les gustaba tener familias numerosas, y muchas mujeres morían al dar a luz.

## HERBOLARIA

Médicos y curanderos ambulantes vendían toda clase de pociones y ungüentos. Muchos se hacían con hierbas como romero, salvia e hinojo; otros con ajo, mostaza y col. Muchos de los remedios no eran muy eficaces, pero algunos sí tenían el poder de curar.

*ajo*

*salvia*

*romero*

41

# Aseo personal

tepidarium (*cuarto tibio*)

TAL VEZ no todos los romanos tenían buena salud, pero les gustaba estar limpios. Había baños públicos que se aseaban constantemente con agua corriente, y la gente los visitaba en forma regular. La mayoría de ciudades y hasta las bases militares en las fronteras del Imperio tenían baños públicos.

Los baños no sólo eran lugares para lavarse. Los bañistas se reunían con amigos y pasaban la tarde platicando entre un chapuzón y otro. Otros hacían ejercicio, jugaban a la pelota o sólo se relajaban. Los hombres incluso hacían citas de negocios ahí. Hombres y mujeres se bañaban separados o iban al baño en horas distintas. Los esclavos debían llevarles toallas y sandalias con suelas de madera. Se necesitaban sandalias porque los pisos de muchos cuartos eran calentados por abajo.

### FRASCO DE ACEITE Y ESTRÍGILAS
Los romanos usaban aceite de oliva en vez de jabón. Se untaban aceite y se restregaban el cuerpo con un instrumento curvo de metal llamado estrígila. El aceite se conservaba en frascos pequeños, como éste, que tiene dos estrígilas sujetas con cadenas.

*ductos de aire en las paredes*

### BAÑARSE EN BATH
Vista de los baños romanos en el pueblo de Bath, en Britania. Los romanos construyeron baños en ese lugar porque había manantiales calientes naturales donde el agua brotaba a temperaturas de hasta 50° C. Ricos en minerales curativos, atraían visitantes desde muy lejos. Esta gran piscina se usaba para nadar. En tiempos de los romanos estaba cubierta por un techo.

frigidarium *(cuarto frío)*

caldarium *(cuarto caliente)*

## RUINAS DE BAÑOS
Una excavación arqueológica en Britania descubrió los restos de los cimientos de unos baños. Se ve la parte inferior de las columnas que sostenían el piso. El aire caliente proveniente de una caldera fluía alrededor de las columnas para calentar el piso y los cuartos.

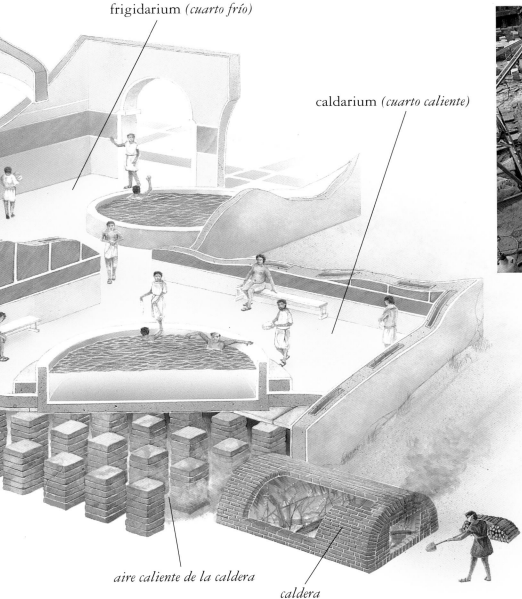

*aire caliente de la caldera*

*caldera*

## LOS BAÑOS
Los baños públicos tenían áreas para ejercicio, vestidores, sauna y varias piscinas. Cuartos y agua se calentaban con uno o más hornos subterráneos. El *frigidarium*, o cuarto frío, generalmente tenía una piscina para que los bañistas se dieran un chapuzón helado y estaba parcialmente al aire libre. Conducía a un área más tibia, el *tepidarium*. En el calor, los bañistas se ponían aceite, luego se restregaban. Cuando estaban limpios, quedaban listos para un chapuzón en la piscina. El *caldarium* o cuarto caliente, lleno de vapor, era el más cercano al horno. Aquí, los bañistas se podían remojar o sudar a su gusto.

## SANITARIOS PÚBLICOS
Restos de sanitarios públicos como éstos han sido hallados en muchas partes del Imperio. Para limpiarse, la gente usaba esponjas colocadas en un palo. Podían enjuagar las esponjas en un canal de agua que corría frente a ellos. Otro canal de agua, abajo de los asientos, se llevaba los desechos.

# Deportes y lucha

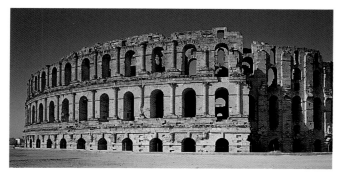

A MAYORÍA de los romanos prefería ver los deportes que tomar parte en ellos. Sin embargo, había algunos que disfrutaban del atletismo y de mantenerse en forma. Hacían ejercicios en los baños públicos y en el gimnasio o *palestra*. Los hombres podían competir en lucha, salto de longitud y natación. Las mujeres levantaban pesas.

Las peleas de box y las carreras de carros tenían mucho público. Las carreras se hacían en una pista larga y ovalada llamada circo. La gente asistía con tal excitación que a menudo se desataban violentas refriegas. Los corredores y sus equipos se volvían grandes estrellas. A las multitudes también les gustaban las demostraciones de crueldad. En una arena especial ovalada, el anfiteatro, había cruentas batallas entre gladiadores y peleas de animales salvajes. Las diversiones en Roma se fueron haciendo más espectaculares y sangrientas. Incluso llenaban de agua los anfiteatros para escenificar batallas navales.

**UN COLISEO**
Coliseo de la ciudad romana de El Djem, en Túnez. Un coliseo era una especie de anfiteatro. Arenas como ésta se construyeron en todo el Imperio. El más grande y famoso es el Coliseo de Roma.

**¿MUERTE O CLEMENCIA?**
Las luchas solían ser a muerte, mas un gladiador herido podía pedir clemencia. La multitud excitada buscaba la señal del emperador. El pulgar hacia arriba indicaba que se salvaba; hacia abajo, que debía morir.

## ¡VAMOS, ROJOS!

Los corredores de carros pertenecían a equipos y vestían sus colores cuando corrían. Algunos usaban cascos protectores de cuero, como el de este mosaico. En Roma había cuatro equipos –rojos, azules, blancos y verdes. Todos tenían seguidores y los corredores eran tan populares como las estrellas del futbol de hoy.

## UN DÍA EN LAS CARRERAS

Este relieve en arcilla muestra un momento excitante de las carreras. Las carreras de carros apasionaban a la mayoría de los romanos. Los carros solían ser tirados por cuatro caballos, pero se podían usar sólo dos, o un máximo de seis. Los accidentes a toda velocidad y el juego sucio eran comunes.

## EL CAMPEÓN

El boxeo era un deporte mortal. Los combatientes usaban correas con estoperoles en lugar de guantes acolchonados. Las heridas severas y el daño cerebral deben de haber sido muy comunes.

## EL IDEAL GRIEGO

Los romanos admiraban todo lo griego, incluyendo su amor por el atletismo. Esta vasija griega, decorada con corredores de larga distancia, data de 333 a.C. Sin embargo, las multitudes romanas no se interesaban por las justas atléticas al estilo griego, como los Juegos Olímpicos.

# Música y teatro

LA MÚSICA Y EL CANTO eran parte importante de la vida romana. Se tocaba música en banquetes, bodas y funerales, en el teatro, en casa, en las luchas de gladiadores y otros eventos públicos. Los romanos tocaban una gran variedad de instrumentos musicales, incluyendo flautas dobles, zampoñas, liras, címbalos, sonajas y panderos. Éstos ya eran bien conocidos tanto en Egipto como en Grecia. Los romanos también tenían trompetas, cornos y órganos hidráulicos.

Ir al teatro era un pasatiempo popular. Toda la idea teatral vino de Grecia, así que a menudo se presentaban comedias y tragedias griegas. Los romanos crearon obras de estilo similar, así como bocetos cómicos y danzas. La fachada de un edificio era parte del escenario, como telón de fondo. Alrededor, en semicírculo, se ponían asientos de madera o piedra.

### CLASES DE MÚSICA
Las niñas de familias ricas recibían clases de música en casa. Este mural muestra a una niña tomando clases de cítara, un tipo de lira. Los romanos adoptaron de los griegos este instrumento parecido al arpa .

### LOS ACTORES
En este mosaico de Pompeya se ve un grupo de actores en una escena de una obra griega. Los actores siempre eran hombres e interpretaban papeles femeninos cuando hacía falta. El color de los trajes o las máscaras indicaban el papel de cada uno. En este mosaico, el flautista usa la máscara blanca de un personaje femenino.

### HAZ UNA MÁSCARA

*Necesitarás: yeso o arcilla, tabla, rodillo, tazón redondo, cuchillo, pinturas acrílicas, pincel, agua, tijeras, cordón, lápiz, papel o cartulina verde, alambre delgado y cuentas de colores.*

**1** Pon el yeso sobre la tabla. Con el rodillo forma una placa que sea más grande que el tazón. Colócala sobre el tazón y dale forma, como en la figura.

**2** Recorta las orillas y haz los agujeros de los ojos y la boca. Corta dos piezas de yeso para la nariz y la boca, como se muestra. Haz también una pequeña bola de yeso.

**3** Modela la nariz de la máscara. Pega la bolita de yeso en la barbilla y la boca sobre ella, como se muestra. Haz un agujero en cada lado de la máscara, para el cordón.

## MÚSICOS

En esta procesión algunos músicos están tocando el *cornu*, un corno largo y curvo que se tocaba en festividades religiosas, funerales y juegos públicos; también lo empleaba el ejército.

## MÁSCARAS DE ACTORES

Los actores usaban máscaras y pelucas para mostrar el tipo de personaje que representaban. Este detalle de un mosaico de Roma muestra cuán elaboradas eran sus máscaras.

## TEATRO AL AIRE LIBRE

Por lo general, los teatros eran al aire libre. Éstas son las ruinas del más grande de los dos teatros de Pompeya. En él cabían 50 000 personas sentadas. No tenía techo, mas con un toldo podía protegerse a los espectadores del sol del verano.

**4** Cuando el yeso esté seco, pinta la máscara con colores brillantes. Píntala como se muestra arriba o haz tu propio diseño. Deja que seque la pintura.

**5** Corta dos tiras de cordón. Pásalas por los hoyos de los lados, como se muestra. Átalas con un nudo. Amarra el cordón alrededor de tu cabeza cuando te pongas la máscara.

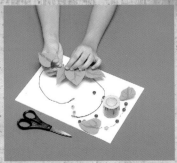

**6** Traza, recorta y pinta unas hojas. Ensártalas en el alambre, como se muestra. Ensarta cuentas entre algunas hojas. Enrolla el alambre en la parte superior de la máscara.

*Las máscaras de los actores tenían grandes bocas para hablar a través de ellas. Las máscaras quizás se hacían de lino endurecido.*

47

# Diversión y juegos

LOS NIÑOS romanos jugaban a las escondidillas, canicas y rayuela, que todavía se juegan hoy. Los niños pequeños jugaban con muñecos y pequeñas figuras de personas y animales, hechas de madera, arcilla o bronce. Un niño de una familia rica podía tener hasta un pequeño carro a su medida, tirado por una cabra.

A los hombres y mujeres les gustaban los juegos de tablero. Había juegos simples, parecidos a tres en raya, y otros más complicados, algo así como ajedrez y damas. En algunos juegos los participantes tenían que competir para llegar primero al final. Tiraban un dado para decidir cuántas casillas podían adelantar cada vez. Jugaban con fichas de hueso, vidrio o arcilla.

A los romanos les gustaba apostar. Apostaban en carreras de carros, peleas de gallos o en los dados. Las apuestas se volvieron tan problemáticas que debieron prohibirse los juegos de azar —excepto en la fiesta invernal Saturnalia, cuando muchas reglas se relajaban. Pero los dados se seguían oyendo en la mayoría de tabernas y baños públicos.

## JUEGO DE HUESITOS O TABAS
Dos mujeres practican el popular juego de huesitos, tabas o *astragali*. La idea era lanzar los huesos al aire y retener los más que fuera posible sobre el dorso de la mano. El número obtenido era la puntuación del jugador.

## TABA
Muchos romanos usaban el hueso del tobillo de una oveja para jugar. Tiene seis lados y era usado como dado —cada lado con valor diferente. Los ricos usaban huesos simulados elaborados en vidrio, bronce u ónix.

## CANICAS
Niños romanos jugaron con estas canicas hace muchos siglos. Dos son de vidrio y una de barro. Las canicas se lanzaban juntas o sobre tableros marcados. También se tiraban dentro de vasos de cerámica. A menudo se usaban avellanas y nueces como canicas.

## HAZ UN JUEGO ROMANO

*Necesitarás: yeso o arcilla, rodillo, tabla para picar, cuchillo, regla, cuadritos de vidrio de dos colores para hacer mosaicos, dos cuentas (del mismo color que el vidrio).*

**1** Extiende el yeso y recorta un cuadrado de 25 cm. Con la regla y el cuchillo dibuja una cuadrícula, 8 cuadrados de cada lado; deja un borde alrededor.

**2** Decora el borde usando los recortes de yeso, como se muestra. Déjalo secar. Cada jugador escoge un color y tiene 16 mosaicos y una cuenta —que es el *dux* o líder.

**3** Los jugadores, por turno, ponen mosaicos en un cuadro, dos cada vez. El dux se pone al final. Los jugadores mueven un mosaico un cuadro adelante, atrás o a un lado.

## SÓLO RODANDO POR AHÍ

Los niños de familias pobres tenían pocos juguetes y debían trabajar desde pequeños. Sin embargo, hasta los pobres hallaban tiempo para jugar y lo hacían con cualquier cosa. Este niño hace girar unas ruedas frente a él mientras corre.

### ¡TÚ TIRAS!

En este mosaico del norte de África tres hombres juegan dados en una taberna. Los romanos apostaban por cualquier cosa, hasta con los dados. Ganaban o perdían mucho según la puntuación alcanzada cuando éstos dejaban de rodar.

## FICHAS

Estas fichas de juego son de hueso y marfil. Los romanos usaban fichas muy simples y redondas, o talladas con formas complicadas. Aquí se puede ver una cabeza de carnero, una liebre y una langosta. La ficha redonda grande tiene talladas dos mujeres.

## DADOS

Ricos y pobres jugaban a los dados. Los que aquí se ven sobrevivieron al paso de los siglos. El grande es de malaquita, el siguiente de cristal de roca y el más pequeño de ágata. Los dados de plata tienen forma de figuras agachadas y posiblemente los usaban los romanos ricos.

**4** Si logras bloquear un mosaico de tu adversario entre dos tuyos, lo capturas y lo sacas del tablero y tienes un turno extra. El dux se captura como cualquier otro mosaico.

**5** El dux puede pasar sobre un mosaico a un cuadro vacío, como se muestra. Si un mosaico de tu adversario es atrapado entre tu dux y uno de tus mosaicos, se le captura.

*Durante el juego, debes mover un mosaico o el dux si es posible —aunque signifique ser capturado. El ganador es el primer jugador que capture todos los mosaicos y el dux del otro.*

# Religiones y festivales

**L**OS ROMANOS creían en muchos dioses y diosas diferentes. Algunos eran los mismos de la antigua Grecia, pero con distintos nombres. Júpiter, el dios del cielo, era el más poderoso de todos. Venus era la diosa del amor; Marte, de la guerra; Ceres, de la agricultura; Saturno, de los agricultores, y Mercurio, de los mercaderes. Los dioses del hogar protegían la casa. Se construyeron templos espléndidos en honor de los dioses. El Panteón, en Roma, es el más grande y famoso. Durante el año se hacían festivales especiales para los dioses, con procesiones, música, ofrendas y sacrificios de animales. Los festivales generalmente eran días de asueto. El festival de invierno, Saturnalia, en honor a Saturno, duraba siete días.

Al crecer el Imperio, muchos romanos adoptaron la religión de otros pueblos, como los egipcios y los persas.

**JÚPITER**
Júpiter era el dios principal de los romanos; era el todopoderoso dios del cielo. Los romanos creían que mostraba su ira arrojando un rayo a la tierra.

**DIANA, LA CAZADORA**
Diana era la diosa de la caza y de la Luna. En este detalle de un mosaico de piso se le muestra lista para la caza, con un arco y una flecha. Los dioses romanos generalmente eran los mismos que los griegos, pero con distintos nombres. El nombre griego de Diana era Artemisa.

**EL PANTEÓN**
El Panteón, en Roma, era el templo de todos los dioses. Fue erigido entre 118 y 128 d.C. Su piso de mosaico, columnas interiores y alta cúpula todavía existen, tal como fueron construidos.

## UN TEMPLO PARA LOS DIOSES

*Necesitarás: cartulina gruesa y dura, cartulina delgada, periódico, tijeras, globo, pegamento, regla, lápices, cinta adhesiva, popotes, pinturas acrílicas, pincel, agua y plastilina.*

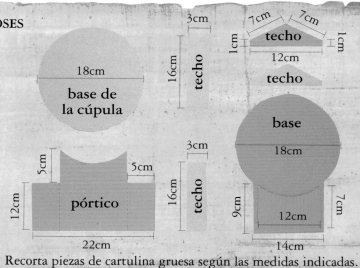

18cm
base de la cúpula

16cm techo

5cm
pórtico
5cm
12cm
22cm

3cm

7cm techo 7cm
1cm 1cm
12cm

techo

base
18cm

3cm

16cm techo

9cm
12cm
14cm
7cm

Recorta piezas de cartulina gruesa según las medidas indicadas.

**1** Infla el globo. Cúbrelo con tiras de papel engomado. Sigue pegando periódico hasta que tengas una capa gruesa. Déjalo secar. Luego revienta el globo y corta una cúpula.

## SACERDOTES DE ISIS

Isis, la diosa-madre egipcia, tenía muchos seguidores en el Imperio Romano. Esta pintura muestra a sacerdotes y adoradores de Isis tomando parte en una ceremonia de purificación con agua. La ceremonia era celebrada cada tarde.

## BENDICE ESTA CASA

Estatua de bronce de un *lar* o dios del hogar. Los *lares* eran originalmente dioses del campo y se creía que protegían a la familia y el hogar. Cada casa romana tenía un altar en honor de los *lares*. La familia, incluyendo a los niños, diariamente hacía ofrendas a los dioses.

## MITRA, EL QUE SACRIFICA AL TORO

Mitra era el dios persa de la luz. En este relieve de mármol de un templo, mata a un toro. Se creía que la sangre de este toro había traído la vida a la Tierra. El culto de Mitra se extendió por todo el Imperio y era particularmente popular entre los soldados romanos. Sin embargo, sólo a los hombres les era permitido adorar a Mitra.

*El Panteón era de ladrillo, revestido de piedra y mármol. Su cúpula, con más de 43 m de diámetro, fue, hasta el siglo XX, la más grande que se había construido.*

**2** Pon la cúpula en su base de cartulina y dibuja su contorno. Corta la base para formar una aureola. Haz un hoyo sobre la cúpula. Une las piezas, como se muestra.

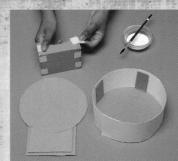

**3** Pega las piezas de la base. Recorta una tira de cartulina delgada del tamaño de la base circular. Ésta será la pared. Con cinta adhesiva mantén la forma del pórtico.

**4** Corta algunos popotes en 8 pedazos, cada uno de 6 cm de largo. Se usarán para las columnas de la entrada. Pega el techo de la entrada. Asegúralo con cinta adhesiva.

**5** Pega las piezas más grandes, como se muestra. Coloca cada columna con pequeños trozos de plastilina en la base. Pega el techo de la entrada. Pinta tu maqueta.

# Eventos familiares

LA FAMILIA era muy importante para los romanos. El padre era jefe todopoderoso de la familia que incluía a todos los de la casa —esposa, hijos, esclavos y hasta parientes cercanos. En las primeras épocas de Roma, un padre tenía poder sobre la vida y la muerte de sus hijos; sin embargo, los padres romanos raras veces eran duros con ellos y los niños eran muy amados por ambos.

La niñez era bastante corta. Los padres arreglaban el matrimonio de las niñas a la edad de 12 años, y el de los niños a los 14. Las bodas se realizaban algunos años después. Por lo general, las novias vestían una túnica blanca y una capa amarilla, con un velo naranja y una corona de flores perfumadas. Se hacía un sacrificio a los dioses y todos deseaban felicidad a la pareja. Esa noche, una procesión con antorchas y música de flauta acompañaba a los novios a su casa.

En los funerales también había música y procesiones. Por ley, los entierros y cremaciones debían hacerse fuera de los muros de la ciudad.

**FAMILIAS FELICES**
Esta lápida romana encontrada en Alemania muestra a una familia reunida para una comida. Por la inscripción en latín sabemos que la colocó un soldado de las legiones en memoria de su esposa muerta. La describe amorosamente como la 'más dulce y pura' de las mujeres.

D·M·C·IVL·MATERNVS
VET·EX·LEG·I·M·VIVS·SIBI
ET·MARIE·MARCELLINAE
COIIVGI·DVLCISSIME
CASTISSIME·OBITAE·F

**MADRE Y BEBÉ**
Una madre acomoda a su bebé en la cuna. Cuando nacían, los niños eran puestos a los pies del padre; si lo aceptaba en su familia lo tomaba en brazos. Para las familias ricas, un nacimiento era gran alegría, pero para las pobres significaba otra boca que alimentar. Las hijas recibían su nombre a los ocho días de nacidas y los niños a los nueve. Se les daba una *bulla* (amuleto para protegerlos de los malos espíritus).

**UNIÓN**
Cuando una pareja se comprometía se hacían regalos mutuos como símbolo de devoción. Una futura esposa pudo haber regalado un anillo como éste a su novio. Las manos unidas simbolizan el matrimonio. También eran comunes los aretes con motivos similares.

## EL LUTO POR LOS MUERTOS

Un romano rico ha muerto y su familia está de luto. Mientras se prepara el cuerpo para el cortejo fúnebre se tocan lamentos con flautas. Los romanos creían que los muertos iban al Hades, el inframundo, que se encuentra más allá del río de los muertos. En la boca del difunto se colocaba una moneda para pagarle al barquero. Junto con el cuerpo enterraban comida y bebida para el viaje.

## JUNTOS HASTA LA MUERTE

La ceremonia de un matrimonio romano era casi igual a una boda cristiana actual. La pareja intercambiaba votos y se tomaba de las manos para simbolizar su unión. Aquí, el novio sostiene el contrato matrimonial que seguramente se redactó antes de la ceremonia. Sin embargo, no todos eran felices y el divorcio era bastante común.

## FLORES PARA LA BODA

El día de la boda las novias usaban un velo con una guirnalda de flores. En los primeros tiempos del Imperio la verbena y la mejorana silvestre eran una combinación muy popular. Más tarde se pusieron de moda los azahares y el arrayán, cuyas flores perfumadas eran sagradas para Venus, la diosa del amor.

*flor de azahar*

*verbena*

# Soldados de la legión

A PRINCIPIOS del Imperio, el ejército se dividía en 28 grupos llamados legiones. Cada una tenía 5500 soldados más o menos. La legión incluía tropas montadas y a pie, organizadas en cohortes, de unos 500 hombres, y centurias, de aproximadamente 80 hombres —aunque centuria signifique 'cien'. Cada legión era conducida a la batalla por soldados que llevaban estandartes decorados que simbolizaban el honor y la valentía de la legión.

En tiempos de guerra los primeros soldados eran reclutados de las familias ricas. Esos conscriptos tenían que llevar sus propias armas. Después el ejército se integró por profesionales pagados y los legionarios se reclutaban entre todos los ciudadanos. Durante el Imperio también lucharon por Roma tropas extranjeras como fuerzas auxiliares.

La vida militar era dura y la disciplina severa. Luego de largas marchas con equipos pesados, tiendas, herramientas y armas, cansados, los soldados debían cavar defensas. Si un centinela dejaba su puesto lo mataban a golpes.

**EN LA GUERRA**
La Columna de Trajano, en Roma, está decorada con escenas de las Guerras Dacias que se libraron en la región de la actual Rumania. Escenas como ésta nos dicen mucho acerca de los soldados romanos, las armas que usaban, sus enemigos y sus aliados.

**UN LEGIONARIO**
Esta escultura de bronce de un legionario tiene casi 1800 años. Está ataviado con un casco de gala con penacho y, superpuesta, la armadura de bronce de la época. Los legionarios eran sometidos a entrenamiento estricto y disciplinados brutalmente. Eran soldados rudos y bastante violentos.

**A CABALLO**
La infantería estaba respaldada por tropas montadas, o caballería, que estaban divididas en grupos de 500 a 1000, llamados *alaes*. Los soldados de caballería eran de los mejor pagados.

### LAS INSIGNIAS EN ALTO

El emperador Constantino se dirige a sus tropas y posiblemente las está felicitando por una victoria. Portan insignias, emblemas de cada legión. Las insignias estaban decoradas con águilas de oro, manos, coronas y banderas llamadas *vexilla*. Eran símbolos del honor y la valentía de la legión y debían ser protegidas a toda costa.

### UN FUERTE ROMANO

El ejército romano construyó fuertes de madera o piedra en todo el Imperio. Éste se halla al sur de Inglaterra. Se hizo para defender la costa de los ataques de invasores sajones del norte de Europa. Hoy, la región en que está se llama Porchester, combinación de las palabras puerto y *caster*, que en latín significa fuerte.

### LA MURALLA DE ADRIANO

Parte de la Muralla de Adriano, que marca la última frontera al norte del Imperio Romano. Se extiende por 120 km a través del norte de Inglaterra, casi de costa a costa. Fue construida como una barrera defensiva entre los años 122 y 128 d.C. por órdenes del emperador Adriano.

# Armas y armaduras

LOS SOLDADOS ROMANOS estaban bien equipados. Un legionario llevaba una daga, llamada *pugio*, y una espada corta, de hierro, llamada *gladius*, para apuñalar y cortar, y una jabalina, o *pilum*, de hierro y de madera. En épocas tempranas, la armadura de la infantería era una camisa de malla sobre una gruesa túnica corta. Los oficiales portaban corazas cubiertas de bronce que protegían pecho y espalda. Por el año 35 d.C. la coraza de hierro de una pieza suplió la camisa de malla. Ganchos o tiras de cuero unían las partes de metal. Los oficiales usaban diversos penachos según su rango. Los primeros escudos eran ovalados; luego rectangulares con bordes redondeados. Tenían capas de madera cubiertas de cuero y lino. Una saliente de metal o protección, sobre la empuñadura central, podía usarse para golpear de cerca a un enemigo.

### CASCOS

Los cascos protegían los lados de la cabeza y el cuello. Este casco de caballería es de bronce y hierro. Seguramente fue usado por un auxiliar o soldado extranjero que peleaba por Roma, después del año 43 d.C. Los oficiales usaban penachos en los cascos para que sus hombres pudieran verlos durante la batalla.

### SOLDADOS ROMANOS

Durante siglos, varios artistas se han inspirado en las batallas de las legiones romanas y han imaginado a los soldados romanos completamente armados. En esta pintura, un joven oficial da órdenes.

### ARMADURA ROMANA

*Necesitarás: cinta métrica, cartulina plateada (uno o dos pliegos, según tu estatura), tijeras, lápiz, pegamento blanco, pincel, 2 m de cordón y compás.*

**1** Mide la circunferencia de tu tórax. Corta tres tiras de cartulina de 5 cm de ancho y del largo de tu circunferencia. Corta otras tiras más delgadas para unir las tres grandes.

**2** Pega las tiras grandes con las delgadas, tal como se muestra arriba. Los romanos habrían utilizado correas de cuero para unir las piezas de metal.

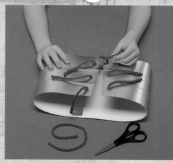

**3** Cuando el pegamento seque, dobla las tiras con lo plateado hacia afuera. Haz un agujero al final de cada tira e introduce el cordón, como se muestra.

## TÁCTICA TORTUGA

Las tácticas de asedio eran una de las máximas fortalezas del ejército romano. Cuando se acercaban a un enemigo fuerte, los soldados unían los escudos sobre sus cabezas y se agazapaban debajo de ellos. Protegidos por sus escudos podían avanzar sin riesgo hacia el enemigo. Esto se llamaba la formación tortuga o *testudo*. En un asedio lanzaban proyectiles de hierro y grandes piedras con catapultas sobre las murallas de las fortalezas.

## ARMAS MORTALES

Estas puntas de lanza de hierro fueron halladas en un viejo fuerte romano cerca de Bath, Inglaterra. La madera sobre la que se sujetaban se pudrió hace mucho. Los soldados usaban dos tipos de lanzas, unas ligeras y otras pesadas. Las primeras eran arrojadas y las últimas se clavaban cuando el enemigo estaba cerca.

## ESPADAS

Las espadas, cortas y largas, se guardaban en una funda. Esta lujosa funda fue usada por un oficial que sirvió al emperador Tiberio. El propio emperador pudo habérsela regalado. Tiene una elaborada decoración de oro y plata.

*Pasa la parte de los hombros sobre tu cabeza y ata la otra alrededor de tu tórax. Ahora eres un legionario, listo para luchar con los enemigos de Roma. La armadura de metal fue inventada durante el reinado del emperador Tiberio, 14-37 d.C. Originalmente, las distintas partes tenían bisagras y estaban unidas con ganchos o hebillas y correas.*

**4** Haz un cuadro de cartulina del ancho de tus hombros. Al centro, traza un círculo de 12 cm de diámetro. Corta el cuadrado a la mitad y recorta los medios círculos.

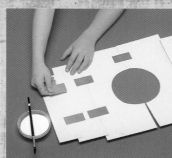

**5** Pega con tiras cortas de cartulina las mitades para los hombros; deja un hoyo para el cuello. Corta otras cuatro tiras, dos un poco más cortas. Pégalas igual.

# Barcos y navegantes

LOS ROMANOS USABAN BARCOS para el comercio, el transporte y la guerra. Los de guerra eran buques ligeros y rápidos llamados galeras. Las movían remeros sentados bajo la cubierta. Una galera de guerra común tenía 270 remeros. También tenía una gran vela cuadrada para alcanzar mayor velocidad con viento a favor.

Había que llevar mercancías a todo el Imperio, desde lana y cerámica, hasta mármol y grano. Muchas, en especial las cargas pesadas de alimentos o materiales de construcción, se trasladaban por agua. Los barcos mercantes eran más profundos, pesados y lentos que las galeras. Tenían velas grandes, batientes y remos más largos para conducirlos mejor. En los ríos navegaban barcazas. Los romanos pusieron faros en las costas traicioneras –torres de roca con grandes linternas o almenaras en lo alto. Los piratas, los mares inexplorados y el clima hacían muy peligrosa la navegación.

### CONTENEDORES
El vino y el aceite se embarcaban en grandes vasijas de cerámica llamadas *amphorae*. Aquí se pasa un ánfora de un barco a otro. Las ánforas se apilaban en la bodega del barco, con capas de paja como relleno.

### EN LOS MUELLES
Este mural del puerto de Ostia muestra cómo se carga un barco mercante. Se están subiendo a bordo pesados sacos de grano. Se pueden ver los dos grandes remos de dirección en la popa o parte posterior del barco.

### EN EL RÍO
A veces el vino y otros líquidos se guardaban en barriles que se transportaban por los ríos en barcazas. Llevaban barriles de vino desde los viñedos de Alemania o el sur de Francia hasta el puerto marítimo más cercano.

## HAZ UN ÁNFORA

*Necesitarás: pliego grande de cartulina delgada, regla, dos lápices, tijeras, 2 círculos de 10 y 20 cm de diámetro, dos tiras de 40 x 30 cm y otra pieza grande de cartón corrugado, cinta adhesiva, pegamento, periódico, pincel, pintura café rojizo y agua.*

**1** Corta dos piezas del largo de la cartulina, una de 5 cm y otra de 38 cm de ancho. Enrollas ambas y pega la delgada al círculo chico y la más ancha al círculo grande. Hazle un hoyo a cada lado.

**2** Enrolla las tiras de cartón corrugado. Dóblalas, como se muestra, y coloca uno de los extremos en el agujero del cuello y el otro sobre el círculo. Fíjalas con pegamento o cinta.

**3** Corta un cuadro de cartulina de 40 cm de lado. Forma un cilindro. Haz cuatro cortes de 10 cm en uno de sus lados para formar la punta, como se muestra. Pega con cinta.

## RUMBO A LA BATALLA

Esta pintura representa el impresionante espectáculo que debió ser una galera romana de guerra al salir del puerto hacia una batalla. Las galeras eran impulsadas por filas de remeros sentados debajo de la cubierta. El timonel, que controlaba la dirección, les gritaba órdenes. Esta galera tiene tres gradas o pisos de remos. Un espolón sobresalía desde la proa o frente de las galeras de guerra. En una batalla naval se trataba de chocar contra el barco enemigo; cuando se clavaba el espolón en su costado, los soldados romanos podían abordarlo fácilmente y terminar la lucha cuerpo a cuerpo.

*Un ánfora como ésta pudo haberse usado para llevar vino, aceite o salsa de pescado. Su extremo largo y puntiagudo se metía en capas de paja para protegerla durante su transportación.*

**4** Para reforzar la base del ánfora, haz un cono de cartón corrugado y pégalo en la punta del cilindro. Mete un lápiz en el extremo, como se muestra, y pégalo con cinta.

**5** Pega el cuello sobre el cuerpo principal. Cubre todo con tiras de periódico con pegamento. Deja secar y repite la operación hasta obtener una capa gruesa.

**6** Cuando el papel haya secado, pinta el ánfora. Las ánforas romanas eran de barro, así que utiliza un color café rojizo para que parezca real. Déjala secar.

# Constructores del Imperio

LOS ROMANOS eran grandes constructores e ingenieros. Cuando las legiones conquistaban territorios extranjeros, hacían nuevas carreteras para el tránsito de suministros y mensajeros. Los caminos eran rectos y corrían por cientos de kilómetros. Tenían un ligero montículo en el centro para que el agua de lluvia se deslizara hacia los lados.

Algunos se empedraban y otros se cubrían con grava o cascajo. Los ingenieros también usaban su destreza para traer agua a sus ciudades mediante acueductos.

Hicieron grandes cúpulas, puentes con arcos y lujosos edificios públicos en todo el Imperio. Usaban las piedras y maderas de cada lugar. La roca era un material de construcción muy importante en Roma, pero debía ser extraída y transportada. Los romanos fueron los primeros en hacer concreto, que era más barato y más fuerte que la piedra.

El dominio romano terminó en Europa occidental hace más de 1500 años; sin embargo, quedan reminiscencias de sus habilidades y organización visibles hasta hoy.

**CARRETERAS ROMANAS**
Ésta es una carretera romana típica: se prolonga hasta donde el ojo puede ver. Atraviesa el puerto de Ostia, en Italia. No fue sino hasta el siglo XIX cuando Europa pudo construir carreteras con el nivel de las de la antigua Roma.

**FUERZA MUSCULAR**
Este grabado muestra que los romanos usaban grandes grúas de madera para levantar materiales de construcción pesados. La grúa era movida por una enorme rueda. Los esclavos caminaban dentro de ella para hacerla girar, jalar la cuerda atada al pesado bloque de piedra y levantarlo.

## HAZ UN TEODOLITO

*Necesitarás: cartón grueso, tijeras, regla, lápiz, cuadro de cartulina, pegamento, cinta adhesiva, palito de madera balsa, plastilina, papel aluminio, cordón, aguja grande, pinturas acrílicas, pincel, agua y palo de escoba.*

**1** Corta tres piezas de cartón: 2 de 20 x 6 cm y una de 40 x 6 cm. Corta otra pieza de 15 x 12 cm para el soporte. Luego dales la forma indicada arriba.

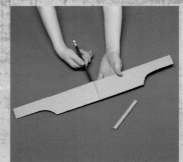

**2** Marca el centro de la pieza más larga. Con el lápiz, haz una ranura entre las capas del cartón, a la mitad. La ranura es para el palito de madera balsa.

**3** Mete el palito en la ranura y pega las piezas de cartón para formar una cruz. Con el cuadro de cartulina asegúrate de que los brazos formen ángulos rectos. Pégalo.

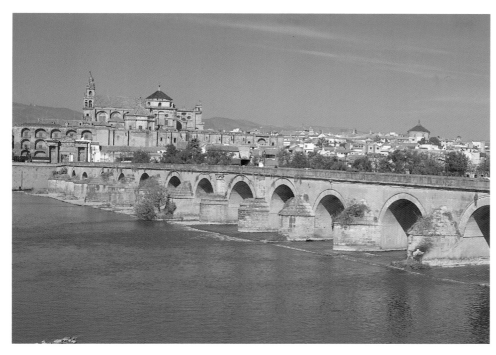

## PARA LA CONSTRUCCIÓN

Los romanos usaban diversas rocas para construir. Generalmente las extraían de las canteras locales. En Pompeya se usó piedra caliza y una roca volcánica llamada toba. En partes de Britania usaron tejas para techar. El mármol fino, usado en templos y otros edificios públicos, se extraía en la región de Carrara, Italia, como hasta hoy. Sin embargo, también se importaba de ultramar.

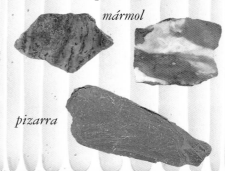

*mármol*

*pizarra*

## SIGLOS DE PERMANENCIA

Este puente romano cruza el río Guadalquivir en Córdoba, España. Los romanos no tenían máquinas excavadoras o herramientas de propulsión, pero sus edificios y monumentos han sobrevivido miles de años.

## MURALLAS DE ROMA

Las defensas de la ciudad de Roma se hicieron en varias etapas de su historia. Estas fuertes murallas se erigieron durante el reinado de Marco Aurelio, 121-180 d.C. Las Murallas Aurelianas todavía hoy están en buen estado.

*Coloca los brazos en el palo y guíate con las plomadas para asegurar que esté vertical. Los brazos pueden usarse para alinear objetos distantes. Los romanos medían ángulos rectos con este instrumento lo que les permitía trazar carreteras derechas.*

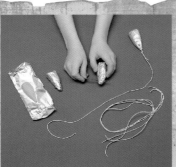

**4** Haz cuatro conos de plastilina y fórralos con papel aluminio. Ata cordón en la punta de cada uno, como se indica. Éstas son las plomadas o guías verticales.

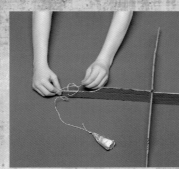

**5** Ata las plomadas, como se muestra. Deben quedar a la misma altura, 20 cm es suficiente. Si la plastilina pesa mucho, usa periódico mojado envuelto en papel aluminio.

**6** Haz una abertura arriba del soporte y pégalo alrededor del palito, como se muestra. Haz lo mismo en el otro extremo con el palo de escoba. Pinta el teodolito.

# Glosario

## A

**acueducto** Conducto artificial que puede ser subterráneo o elevado sobre arcos, que sirve para conducir agua.

**anfiteatro** Arena oval, al aire libre, rodeada de asientos, donde había luchas a muerte entre gladiadores o peleas entre animales.

**arena** Sitio donde se llevaban a cabo juegos y luchas.

*atrium* Corredor o patio de una casa romana.

## B

**basílica** Gran edificio ubicado en el foro de las ciudades romanas. Sede de gobierno y tribunal.

**brasero** Contenedor de bronce que se llenaba con carbón encendido.

## C

**carro** Vehículo tirado por caballos.

**catapulta** Estructura para lanzar proyectiles pesados.

**centuria** Unidad del ejército romano. Tenía entre 80 y 100 soldados.

**cerámica samiana** Objetos vidriados, elaborados en arcilla roja, muy populares en todo el Imperio Romano.

**Cicerón** Su verdadero nombre era Marco Tulio, pero fue conocido como Cicerón por un lunar muy visible en su rostro (*cicero*, chícharo, guisante). Orador, abogado y poeta que vivió de 106 a 43 a.C. Fue cónsul en el año 63 a.C. Murió asesinado.

**circo** Pista oval usada para las carreras de carros.

**ciudadano** Persona libre con derecho a voto.

**civilización** Sociedad avanzada en artes, ciencia, tecnología, derecho y gobierno.

**cohorte** Unidad táctica del ejército romano, de hasta 500 soldados.

**conscripto** Persona llamada por el gobierno para servir en el ejército.

**Constantinopla** Ciudad de Asia Menor, antes llamada Bizancio. Recibió ese nombre del emperador Constantino I que instaló la capital del Imperio Romano de Oriente en ella en el año 330 d.C. Estaba en el lugar que hoy ocupa Estambul, Turquía.

**cónsul** Gobernante romano, electo cada año.

**coraza** Armadura con que se protegía la parte superior del cuerpo.

**cremación** Incineración de cadáveres.

**curia** Consejo de las antiguas ciudades romanas.

## D

**dictador** Gobernante totalitario.

## E

**emperador** Gobernante de un imperio.

**escaramujo** Especie de rosal silvestre que produce una baya roja.

**espolón** Saliente larga y puntiaguda en la proa de un barco antiguo. Se usaba para clavarlo en un barco enemigo y facilitar su abordaje.

**estilo** Punzón usado para escribir sobre cera.

**estrígila** Tallador usado para limpiar el cuerpo.

## F

**foro** Centro de una ciudad romana.

## G

**galera** Barco de guerra impulsado por remos.

**gladiador** Luchador que peleaba a muerte ante el público.

**Guerras Púnicas** Enfrentamientos bélicos (tres en total) que libraron Roma y Cartago entre 264 y 146 a.C. y que terminaron con la destrucción del estado púnico (llamado así por el dialecto fenicio que hablaban los cartaginenses). La primera (264-241) se conoce como *el conflicto por Sicilia*; la segunda (218-201), como *la guerra de Aníbal*, y la tercera (149-146), como *la destrucción de Cartago*.

## H

**hacienda** Gran extensión de tierra con casas y granjas.

**Herculano** Antigua ciudad de la *Campania* romana, al este de Nápoles. Fue sepultada por lava del Vesubio en 79 d.C. Se sabía de su existencia desde el siglo XVIII, pero no se realizaron excavaciones científicas en ella hasta 1927. Conservada bajo la roca volcánica durante siglos, aportó importantes datos para conocer las características de una ciudad romana en pleno apogeo.

*hipocausto* Sistema de calefacción por aire, instalado en el suelo y el subsuelo de las termas y algunas casas romanas. El término deriva del griego: *hypo*, 'debajo', y *kauston*, 'quemar, calentar'.

**hoz** Herramienta con una hoja curva usada para cortar pasto o cosechar.

## I

**imperio** Territorios o países diferentes, muchas veces sometidos por la fuerza, que se hallan sujetos a una misma autoridad, bajo el mando de un mismo gobierno.

**insignia** Emblema usado en batallas y desfiles.

## J

**jabalina** Especie de lanza, arma arrojadiza.

**Júpiter** Dios principal de la mitología romana, al que fue consagrado el capitolio. Se le concebía como señor de la luz y del cielo. Equivale al dios más importante de la mitología griega (Zeus).

## L

**legión** Sección del ejército integrada sólo por ciudadanos romanos.

**lino** Planta que se emplea para hacer la tela del mismo nombre.

**lira** Instrumento musical parecido al arpa.

## M

**malla** Tejido de anillos o eslabones de hierro para hacer armaduras.

**mosaico** Pintura hecha con trocitos de vidrio, piedra o cerámica que se pegan en cemento fresco.

## O

**ocre** Tierra de color rojizo

## P

*palestra* En latín *palaestra*, que a su vez deriva del griego *paláistra*, 'lugar donde se lucha'. Sitio en que se realizaban competencias deportivas y de combate. La misma competencia también se llamaba palestra.

*palla* Velo que usaban las romanas.

**papiro** Planta de hasta tres metros de altura y diez centimetros de grosor con muchas ramas divididas y colgantes. Corteza que se saca del tallo de esta planta, que se usaba en la antigüedad para escribir. El manuscrito hecho en dicha corteza.

**patricio** Miembro de una familia rica y poderosa de la antigua Roma.

**plebeyo** Gente común (libre) de la antigua Roma.

**púrpura** Molusco gasterópodo que segrega un colorante rojo. Color rojo violáceo.

## R

**república** Estado gobernado por una asamblea de ciudadanos.

## S

**Saturnalia** Festival de invierno en honor del Dios Saturno.

**Senado** Asamblea que hacía las leyes en la antigua Roma.

**Servio Tulio** Sexto rey de Roma (578-535 a.C.). La tradición le atribuye la división de la sociedad romana en centurias y en clases, según la riqueza de las personas. También se le recuerda por la construcción de una gran muralla que, en su honor, se llama Servia.

**sociedad** Todas las clases de personas que viven en cualquier comunidad o país.

*stola* Vestido largo usado por las mujeres romanas. Se ponía sobre una túnica.

## T

*tablinium* Habitación para recepción y estudio en una casa romana.

**teodolito** Instrumento topográfico usado por los romanos para medir ángulos rectos y asegurarse de que los caminos estuvieran derechos.

**termas** Baños públicos de los antiguos romanos. Se llamaban así porque solían ser de aguas tibias o calientes.

**toga** Túnica blanca, de lana, usada por las clases altas de la antigua Roma.

**tortuga o testudo** Método con el cual un grupo de soldados se cubría para protegerse de proyectiles enemigos.

**tribuno** Uno de los oficiales electos para representar los intereses de la gente común en la antigua Roma. También era un grado en el ejército romano.

*triclinium* Comedor. La palabra proviene de la costumbre romana de acomodar tres (*tri*) divanes para recostarse a comer.

**tridente** Especie de lanza de tres picos usada por agricultores y gladiadores.

**túnica** Prenda simple, especie de falda.

**tutor** Maestro particular.

## V

**Vesubio** Volcán activo de Italia, a 8 kilómetros al sureste de Nápoles. En el año 79 d.C. sepultó Pompeya, Herculano y Stabias.

**villa** Casa de campo romana, decorada con mosaicos y pinturas murales. Generalmente las villas formaban parte de las haciendas.

## Y

**yunque** Bloque de hierro usado por los herreros para dar forma a los metales.

## Z

**zampoña** Instrumento compuesto por muchas flautas de distintas longitudes.

# Índice